藏书

珍藏版

周易全書

赵文博 主编

叁

辽海出版社

目　录

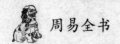

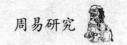

占成于交

八卦成于交，《易》体成于交，《易》之施于占卜，亦成于交。《说卦》所谓"昔者圣人之作易也，幽赞于神明而生蓍，参天两地而倚数，观变于阴阳而立卦，发挥于刚柔而生爻……"，是指占卜法而言。大意是用神妙的蓍草卜算，把天地两相参杂而立数，即把一三五七九的天数和二四六八十的地数累计相加而立起大衍之数五十有五，再通过分二、挂一、揲四、归奇等手段而得出七、八、九、六。然后观察筮法运行结果的阴阳情况而成立一卦，用以占卜。其中所谓参天两地一语，众说纷纭，但不论采取哪种说法，都免不了蓍草的组合这一含义。亦即，四九根蓍草经过几次不同的交合，形成一卦。这一点，是不同学说的共同点。简言之，上古时代《易》之占卜，是以蓍草之相交而成卦的。可见，不仅《易》体生于交，《易》卜之卦，也生于交。

成卦之后，进行具体的占解时，要四面八方考虑卦内的种种关系：前卦与本卦的关系、内卦与外卦的关系，六个爻本身及其相互间的种种关系（阴、阳、刚、

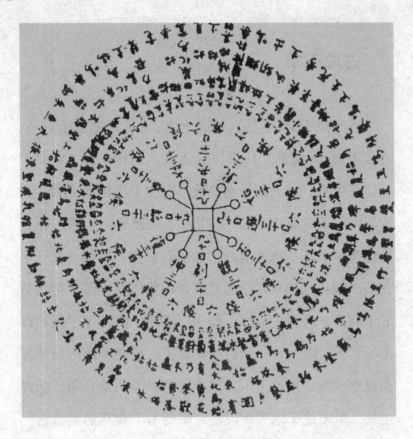

乾用九坤用六图，出自宋·朱震《汉上易经·卦图》

柔、位、中、正、应、比、承，等等)，以及本卦与变
卦的关系。然后将这些关系，加以分析、综合，再结合
其时空的具体因素，对占卜的吉凶悔吝，作出推断。所
谓卦爻间的关系，也就是卦爻间相交的情况。据关系断
卦，这是周易断卦的精髓，就这一点来说，可谓占成于
交。它与原始民族的简单观象法以及汉代扬雄的太玄、

2

还有后代道观的各种抽签法，根本不同。这些东西都属于简单的直觉范畴，一卦的断语只有一个，是卜术中的下乘，而周易之卜筮则利用辩证思维的高级形式，据时空情况与卦爻关系占断，对同一卦会有不同的断语。两者不可同日而语。

这一方面，孔子有精辟的论述。他的体会是："《易》之为书也，原始要终，以为质也。六爻相杂，唯其时物也。其初难知，其上易知，本末也。初辞拟之，卒成之终。若夫杂物撰德，辩是与非，则非其中爻不备。噫！亦要存亡吉凶，则居可知矣。知者观其象辞，则思过半矣。二与四同功而异位，其善不同。二多誉，四多惧，近也。柔之为道，不利远者。其要无咎，其用柔中也。三与五同功而异位。三多凶，五多功，贵贱之等也，其柔危，其刚胜邪?!"（《系辞下》九章）

这段话的具体意思是：周易这部书的原则是，对一卦乃至六十四卦，都要从头到尾进行全面探索。在一卦的实体中，六爻的阴阳刚柔及其动静地位和关系，互相交错混杂，表现出此一形势下事物的情况。在判断的过程中，初爻的内情很难了解，因为它只是事情的开端，最上一爻的情况容易明白，因为它已是事情的结局。初

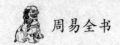

爻的爻辞依据概况拟定，一旦拟定，据此向前进展，其最终如何结尾，也便易于知晓。至于要想进一步把卦爻的阴阳、刚柔、动静以及中、正、应、比、承、乘等关系交揉混杂而弄清其性质，从而分辩其是与非，那就非得有二、三、四、五等中爻便不能期其完备。如此，则欲测知存亡吉凶，坐在家里即可办到。有智慧的人观看一卦的卦辞即可想见一大半。

六个爻的不同情况是：

二爻和四爻都是偶数，都是阴爻，功用相同。但所处的地位不同，其美善情况也不同。因为二爻距五爻远，四爻距五爻近。五爻是君位，四爻接近君位，在六十四卦中多表现为戒惧，二爻离君位远，在六十四卦中多表现为美誉。本来阴爻的柔性利近不利远（柔弱无力而又远离阳刚的支持，故不利），那么何以二爻离五爻远反而多有美誉呢？那是因为它是以柔性而居中（初爻与三爻之间）所以基本无咎。为什么呢？因为周易的重要原则是"中"，而"无咎"则是不偏不倚，无过无错，合乎中的大原则。所以二爻的柔性居内卦之中，是为无咎，且多美誉。

三爻和五爻都是奇数，都是阳性，功用相同，但在卦中所处的地位不同。三爻爻辞大多表示凶险，五爻爻辞大多表示功绩。为什么呢？因为三爻处于下卦之颠、上卦之下（六十四卦之中惟有《谦》卦三爻劳谦，为吉），处于不上不下的关口，而同五对比来说，五是君位，三是臣位，风险颇大，故曰凶。五爻是君位，高踞一卦的主导地位，有独运之权而且处于四爻六爻的中间，占据中位，故而多功。这是由于贵贱的等级不同而致，但三多凶危是否一定由于阴柔之爻居之，五之多功是否由于阳刚之爻居之，以致如此呢？那也"不可为典要"，也有柔居阳位而吉祥，刚居阳位而凶危的。

对这段系辞中的同功而异位，明代易学大师来之德有独特的见解。他在《易经集注》中说："同功者，二与四互成一卦，三与五互成一卦，皆知存亡吉凶，其功同也。善不同者，二中而四不中，故不同也。"所谓互，又名交互，即：六爻卦由上下二个三爻卦组成，而其中的二、三、四叁爻和三、四、五叁爻又可另成两个三爻卦，二四之间、三五之间都具有这种构成互卦的功能，都能另显存亡吉凶之象。但所处地位不同，故曰同功而异位。从交互的关系来作分析，当然可备一说。但不管是从哪一种分析法来作解释，其道理都是一样的，即：

5

都是从对卦中六爻的性质地位等相互交叉的关系，进行综合分析，而后判定其存亡吉凶。

由此看来，卜筮的断卦也必须运用"交"的观点和方法。仍受交义的支配。

经文中的交字

除了卦、爻、象蕴含交义之外，在文字上直接表达交字的有两种：一种是经文的交字，另一种是传文的交字。

经文的文字有如下卦。

（一）《火天大有》卦蒇初九爻辞：

"无交害，匪咎，艰则无咎。"

（二）同卦六五爻辞：

"厥孚交如，威如，吉"。

（三）《泽雷随》卦𤩽初九爻辞：

"官有渝，贞吉，出门交有功。"

（四）《火泽睽》卦鹮九四爻辞：

"睽孤，遇元夫，交孚，后无咎"。

下面探索一下上述"交"词的含义。

关于初九爻辞的"无交害"，自汉代以来易学界说法不一，难衷一是。王弼认为，初九"以夫刚健为《大有》之始，不能履中，满而不溢；术斯以往，后害必至。其欲匪咎，艰则无咎也。"意思是说，初九以阳刚之性处一卦的始端，上面没有相应的阴爻（四爻亦为阳爻，与初爻相对而不相应），而又不处于中位，不能以中和之性以行谦退之道，与他爻无所交往，如此下去，必有祸患。如欲免于过咎，必以临艰慎畏的态度，对待一切。对此《读易会通》案语认为，王注断句，"是以无交为一句，害为一句。"亦即初九以阳刚之性处于卑下无应的阳刚之位，而又与人无交无往，是必有害。总之是强调无交有害并没法避害。同书案语又进一步引苏蒿坪曰："六五为《大有》之主，初九以阳刚之德，居穷下，与五继远，故为无交而不免于害也。此乃时势使然，非己之咎，然亦必艰以处之，有以待时而行义，乃无咎也。"苏氏认为初九爻远离《大有》卦的主爻六五，不能与制权之主相应相交，难免受害。但这是时势使然，咎不在已。此际唯有谨慎小心，静待时机，可以免咎，与王注大体相似，都谓此爻辞含无交则有害之义。但其他多数注家，如朱熹、程颐、来之德等，都以

7

为此句之意害虽在上面（指九四）但远离本身，无交则无害，与王注苏注的解说，意思相反。本文的看法是无交则有害的说法，较为合适。其实仔细想想，无交有害也罢，交有害也罢，都是以人际关系、物际关系和事际关系的"交"为中心而显示的正负两面的警诫，其区别不过是正面的交与负面的交而已。交的重要性于正负对比之中表现得更为鲜明。

《大有》卦的卦象是火在天上。为什么说火在天上而不说天在火之下呢？《易》卦的作者可谓煞费苦心，因为这同一卦象的两种说法，含义迥乎不同。火在天上，比如日在天上，高悬一团火，把宇宙人间照耀得明亮而温暖，于是万有勃然而兴，丰富多采，此种生机勃勃、应有尽有的盛况，谓之"大有"。而这大有的形势是由谁为之主呢？那就是六五爻。它虽是阴性，却处于君位，虽是掌权的君主，却居中不偏，这表示它有权势，却以柔和之性待人接物，以谦虚的美德与卦中的五个阳爻相交接，虚己待人，以诚相接。所谓"厥孚交如"（厥，他的；如，语气词）意思是其真诚之情感动臣属，臣属也报以忠诚之心，彼此真诚相交，亲密相得，志同道合，形成大有作为的局面。但为什么又说

"威如"呢？那是因为五爻虽秉性柔和，待人诚信，但毕竟是制权之主，处在阳刚之位，必有其威严的方面。否则，无法指挥一切。故而爻辞在强调上下以诚交接之处，又提出"威如"的口号。这正是孔子所谓"刚柔相济，政斯和矣"的思想。这也表现出，君主的"威如"必以"交如"为基础，才能真正巩固持久。所以孔子在象辞中这样解释说："厥孚交如，信以发志也。威如之吉，易而无备也。"意思是，上下之间应以诚相见，以信相交，密切合作，相得益彰。九二诸爻受到六五爻诚信的感动，对六五爻报以忠信，乃发自内心，出于自愿，不是出于勉强。而六五爻的威如之吉，并不是出于对其余诸爻（臣下）的戒备、不信任，而是出于真诚之心，坦诚无私，自然而然树立起威信。这是王弼和孔颖达对原文的解释，很合乎爻辞及象辞本身的意思，顺理成章，令人首肯。关于这段象辞，王注和来注的阐释，虽都很恰当，但各有异趣。让我们先看看王弼是怎么解说的，他说：

"君尊而柔（指六五），处大以中，无私于物，上下应之，信以发志，故其孚交如也。夫不私于物，物亦公焉，不疑于物，物亦诚焉。既公且信，何难何备！不

言而教行，何为而不威如！大有之主而不以此道，吉可得乎？"

王弼的解说，除了"不言而教"的道家思想成分犹当别论而外，其以"既公且信"来推论"何难何备"，以阐释"威如"气势的形成，和孔颖达所说的"易而无备者，唯行简易，无所防备，物自畏之"的意思基本相通，但都未深入阐明。而来之德的注释则比较进了一步。他说：

"易而无备者，凡人君任贤图治，若机心深刻而过于防闲预备，则易生嫌隙，决不能与所任用之贤，厥孚交如矣。惟平易而不防备，则任贤勿贰，去邪勿疑，方可享无为之治矣。威如即恭己，易而无备即无为。若依旧注作戒解，则小象止当作威如则吉，不应曰威如之吉也。"（《易经集注》）

来氏以"恭己无为"来解释"厥孚交如威如"，其观点源于孔子所谓"为政以德，譬为北辰，居其所而众星共之"（《论语·为政》）的儒家德政学说，而儒家学说基本上是源于周易，以孔解《易》应该说是自流溯源的正确道路。但程颐、朱熹等则说法相背。程传一面以上下相交解释孚信，另一面则说"若无威严，则易慢而

10

无戒备"（《易传》）。朱传则谓"太柔，则人将易之，而无畏备之心"（《周易本义》）。将孚信与威严对立起来，与"厥孚威如"的交义产生乖违，恐非周易爻辞的原义。《周易折中》同意孔颖达的说法，认为："盖言威如则疑于上下相防矣，故申之曰易而无备，明乎遏严扬善，顺理而行，非有所戒备也。"

总之，《大有》六五爻辞的"厥孚交如，威如吉。"其本意正是强调在政治上道义相交的重要性及其理想的实效。

其次，我们探究一下当《泽雷随》卦初九爻辞"官有谕，贞吉，出门交有功"中"交"的含义。

《随》卦的内卦是《震》为雷，雷的本性是动，而动的情况随卦体而有所不同。《随》卦的内外卦都是阳爻在阴爻之下，与正常情况的阳上阴下相反，这是一种反常的动。初九为一卦之主，主即作主，亦即此处所说的"官"，谕是变动之意，官有谕的意思就是主持人发生变动，亦即主爻的阳爻反而变为随从阴爻行动，是一种反常的现象，所以说"官有谕"。作为支配者的官一变而成为被支配的随从，当然会有失落感而产生忧闷甚至激愤。但爻辞认为这样不对，它主张此际应坚持正确的态度，以豁达明朗的心情，随时处顺，并离开私家的狭小范围，积极地走出门去，到广阔的外界，与广大的人群交接往来，这样才会获得成功。汉代易学家郑康成把"出门交有功"解释为"是臣出君门，与四方贤人交，有成功之象也。"（孙星衍《周易集解》引郑康成语）他以君臣的政治活动来解释周易，是汉易的一种局限性，但把"出门交有功"解作走出狭门而广交于众，还是抓住了原文的精义。后代易家解释这句爻辞，有两种断句方法。一种是：王弼、郑康成、孔颖达等皆以"出门"为一句，"交有功"为下句，即上文所说"出门去然后广交众人"之意。另一种是：宋人程颐、朱熹等以"出门交"为上句，以"有功"为下句。程曰："出门交，有功，人心所从，多所亲爱者也……出门，谓非私匿，交不以私，故其随当而有功"（《易传》）。朱熹说："……出门以交，不私其随，则有功也"（《周易本义》）。他们的意思是，当随时处顺之际，应随顺而交人，但不可限于私门，应走出门去，实行"出门交"，而不是私缩于"家内交"，这样出门广交，与群众亲近，才会有助于建功立业。这和《同人》卦初九爻辞"出门同人，又谁咎也"，意思相近。在象传里，孔子对此

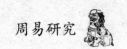

爻是这样解释的：

"官有渝，从正吉也。出门交，有功，不失也。"

在解说中，孔子强调了贞字。官有渝之时，应坚持正道，出门交而有功，也由于不失正道。无论上下之交，平辈之交，私人之交或广泛之交，周易都强调坚持贞正的态度。孔子的体会，可谓深合原义。这里为后世提出了人际之交的三个原则：随顺、广交、贞正。唯其贞正，始能诚信。故而"有孚"，也便成为人际之交的第四个原则。

六十四卦之中唯有《睽》卦表达异中有同、求同存异的观点。九四爻所谓"睽孤"，是处在睽离的局势中。九四爻为阳爻，与初九不相应，上下又全为阴爻所包围，陷于孤立，故称睽孤。但初九阳刚之性，毕竟是大丈夫（元夫），九四爻以同性与之诚信相交，互相援助，则虽有危险（厉），却无灾难。故而孔子在象传中阐释说："交孚无咎，志行也。"意思是陷于睽孤之中的九四爻得与初爻以诚信相交，以致免于灾难。就是说，在互相信任互相援助的情况下，九四免于孤立的心愿得以实现。这句爻辞和孔传，着重强调孚信相交具有脱出孤立免于灾害的积极作用。这正是人际交往第四个原则的进

一步运用。

象传是孔子对全卦大意的解释。他认为《屯》卦鹄是表示天（乾）地（坤）相交之始，刚柔二气郁结不通，从而产生险难。上卦为水，为险；下卦为雷，为动。卦象表明，此际之宇宙是在险难中动荡不已。虽然如此，但在此种创始的局势下，万物新生，欣欣向荣，其前进之势，坚定不移，亨通无阻。此际刚柔愈深入相交，雷雨愈加激烈，以致宇宙间充满激雷暴雨，这是大自然草创万物时的冥昧状态。处于这种时期，人们应拥立君主，建立秩序。又必须忧勤兢畏，不遑宁处。

这是孔子耽读周易，钻研《屯》卦时得到的启发与收获。《屯》卦原来的卦辞只说是"元亨利贞，勿用有攸往，利建候"，并未明说天地始交之义。从继《乾》《坤》两卦之后的屯难之象，引出刚柔始交之义，乃是孔子的心得。当然，这个以交义为主的心得，完全符合易蕴与事理，可谓作到了历史与逻辑的统一。

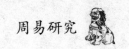

传文中的交字

经文本文之外，传文也有几处交字。为一目了然计，列举于下：

（一）《水雷屯》卦鹄彖传：

"《屯》，刚柔始交而难生，动乎险中，大亨贞。雷雨之动满盈，天造草昧，宜建候而不宁。"

（二）《地天泰》卦害彖传：

"《泰》，小往大来，吉亨，则是天地交而万物通也；上下交而其志同也。"

彖辞：

"天地交，《泰》。后以财成天地之道，辅相天地之宜，以左右民。"

（三）《天地否》卦踬彖传：

"否之匪人，不利君子贞，大往小来，则是天地不交而万物不通也，上下不交而天下无邦也。"

（四）《风火家人》卦恼：

九五爻辞："王假有家，勿恤，吉。"

九五爻象传："王假有家，交相爱也。"

15

（五）《雷泽归妹》卦鰌象传："天地不交而万物不兴。"

在六十四卦中有一最具特色的卦，那就是《地天泰》卦。它和爻辞象传之局部的交义不同，它是周易体系典型地表现交义的一卦。

周易从《乾》《坤》两卦开始，经过一正一反的五个颠倒，到《泰》卦则是第十一卦。其间各卦的内在联系形成了一个社会发展的链条。简言之，即："《屯》作君，《蒙》作师，《需》以养民，《讼》以刑政，《师》武《比》文，《小畜》富，《履》礼，而《泰》运成矣。"（朱骏声《六十四卦经解》）

这段话极其扼要地展示出，周易从《乾》《坤》开始产生万物以后，人类社会正常发展的步骤与要点，当然也是各该卦的主旨与主要局势。以今天的话来说，就是（《乾》《坤》造物以来）《屯》的主旨是在蒙昧中拥立君长，建立秩序。《蒙》的主旨是施行教育，启发蒙昧。《需》的主旨是满足民需，供养民生。接下来则是《讼》卦，人群构成有组织的集体，就必然发生各种各样的矛盾和违法现象，法治的刑讼就成为必要。但矛盾太大或集团对立，利害不能和平解决，只好用武。这便是下一卦《师》卦出现的必然性。但单凭武力也不能治国，必辅之以文，所以下面接以《比》卦。生产、教育、文武、刑政具备，行之有效，自然出现小康局面，此之谓《小畜》。富有之后，要注重典章制度和各种礼节，这便是《履》的主旨。这样，周易便依据上古时代的政治经验和政治理想，把到此为止的社会发展算作第一阶段。这个第一阶段的成果和形象是什么样呢？周易便以一个《泰》字点出了它的神情。朱骏声又加上一个"运"字表明它是一步步形势发展的必然结果，是气运达到的高峰。"泰运"二字实在画龙点睛，十分恰当、生动。

《泰》卦在卦体与卦象上特色明显。从周易的体系来看，始于《乾》《坤》，经过五个反复，《乾》《坤》又聚到一起。不过前次是《乾》《坤》对立，此次是《乾》下《坤》上。这个发展的小循环的结果，其最大特色是《乾》《坤》相交，出现了天翻地复的景象。这个阴阳之交，不是卦内爻间的局部之交，而是六十四卦发展链条上的体系之交。六十四卦始于《乾》《坤》之交，上经终于水（《坎》）火（《离》）之交；下经始于《咸》《恒》的男女之交，终于末尾的《既济》《未济》

的水火之交。《泰》卦的阴阳之交，便是体系展开的阶段之交。交义重大，从一个侧面表现出周易的本质。

本来，"天尊地卑，乾坤定矣"（《系辞》），这是常性，但忽然地上去而天下来，《乾》《坤》逆转。貌似奇特，实际上是合情合理的平凡现象，看看周易《泰》卦的卦辞、象传，便可一目了然。

《泰》卦卦辞："泰。小往大来，吉亨。"

周易以阳为大，以阴为小，以自内往上为往，自外往内为来。意思是说，阴气（小）由内（下）往外（上）去，阳气（大）由外（上）往内（下）来，从而形成阴上阳下的景象，好似地上天下的局面。阳气原在上而下沉，阴气原在下而上升，于是二气相交，互相融合，上下畅通，生机勃勃。这既是宇宙生发万物的功能所自，也是人世万事顺遂的机能所自。天气不下，地气不上，二气疏隔，则不能形成云雨，万物必枯旱而死。人间亦如此，一个社会中，上意不能下达，下情不能上通，上下梗阻，则万事无成，必乱无疑。所以，《泰》卦卦辞说阳下阴上的景象是吉祥而亨通。孔子在象传中发挥此意，说卦辞的意思是"……天地交而万物通也，上下交而其志同也"。前句指大自然，后句指社会，都是申述"交"的重要性。"风调雨顺,国泰民安"这句俗语,简明扼要地表现出象传的这个思想。

以周易六十四卦所展示的六十四个政治局面或社会场景比较来看,在作《易》者的心目中,《泰》卦是体现出自己政治理想的局势:上下一心,融合无间,万事顺遂,畅通无阻,大概犹如传说中尧舜时代那样的所谓"极治"的局面。可见周易的交义,在《泰》卦中已达到最高峰。

但依据物极必反的法则,《易》作者认为继《泰》之后而来的,必是相反的局面,即《天地否》的局面。否意是否塞不通,与泰意正相反。卦辞所谓"大(阳)往(上)小(阴)来(下)",形成天在上而地在下的结构,意味着阳气向上,阴气向下,二气背反,互相脱节。如此,正是象传所谓"小往大来,则天地不交,而万物不通也。上下不交,而天下无邦也。"(天下阻塞,不成其为国家)这一卦又从反面表明了自然界与社会界阴阳交融的极端重要性。

这一点,在往后的卦里仍反复有所强调。

《咸》卦讲,男女间阴阳相感相爱是人世形成的基础,重点谈感应,未直说交字。但相感是精神相交,是

相交的一种形式，是人们实际相交的前提和基础。象传所说"二气感应以相与"，正是此意。象传又说"天地感而万物化生"，这个意思和《泰》卦的"天地交而万物通也"，意思是一脉相通的，是表达同样情况的两个侧面，也可说是从相感的道理上强调了相交的重要意义。

从为政治国的角度强调交的功用的，莫过于《风火家人》卦。此卦以齐家为中心，蕴含修身齐家治国平天下的道理。第五爻爻辞为"王假有家，勿恤，吉。"九五是至尊之位，作为一国之尊长，怎样以齐家为基础，从而收平天下之效？据王夫之的意见，爻辞中的假字，依陆绩训"大"为是。如此，则王假有家，即王者扩大自己的家，以天下为家，把齐家之道推广于全国。这种作风，当然受到欢迎而卓有成效，所以说，无需忧虑，前途吉祥。至于达到这一目的之手段，孔子在象辞中解释说："交相爱也"，亦即王者以亲亲的办法使家人感情融洽，再将近此道推广到天下，使全国人都互相敬爱，同心同德，从而建立威信，以达到齐家治国平天下的理想。换句话说，就是周易作者主张治家治国都不仅要从严，还要以"交相爱"来调济人际关系。

周易中讲男女嫁娶的卦有《咸》、《恒》、《渐》、《归妹》四卦。其中的《归妹》讲少女自嫁长男。女从男而不待婚娶，违背当时的礼制，这是一方面。但另一方面，男女之配合，又是人世的正途，不可或缺。所以孔子在彖传中又赞叹说：

"《归妹》，天地之大义也。天地不交而万物不兴。《归妹》，人之终始也。"

孔子认为《归妹》所表现的景象与思想，是天地间正确的大道。为什么呢？道理在于，如果天地不相交而相隔阂，则万物何得生长？同样道理，男女不相交，人类如何生殖繁衍？在《序卦》中他把这个思想表达得更为充分，他说：

"有天地然后有万物，有万物然后有男女，有男女然后有夫妇，有夫妇然后有父子，有父子然后有君臣，然后有上下，有上下，然后礼义有所错。"

这段话的中心思想就是强调男女之交——夫妇之道是政治体制与社会秩序的根本。如无男女之结为夫妇，则根本没有什么父子君臣（政权、家庭），更谈不到什么礼义道德（意识形态）了。所以，虽然在有关嫁娶之义的《咸》、《恒》、《渐》、《归妹》四卦中，虽然《归

妹》由于是女悦男动，不合礼法，就全卦而论，爻位皆不正，总体为凶而无利，但孔子从中看出爻义在社会发展中的根本作用，从而大加赞颂。与婚姻相关的另外三卦，也都含有同样的意义。《咸》卦之感，是交相感应之义，男女交感，而后结为夫妇，而后生育后代，而后有社会，有人伦。正由于交感为人间之始，所以大《易》六十四卦的下半部三十四卦，即以《咸》卦一马当先。其意义的重要性，从六十四卦以《乾》《坤》之阴阳相交而产生万物为开端处，充分显现出来。因而孔子在彖传中一面解释说："咸，感也。……二气感应以相与。止而说，男下女，是以亨，利贞，取女吉也。"一面感叹说："天地感而万物化生，圣人感人心而天下和平。观其所感，而天地万物之情可见矣。"孔子研究《咸》卦，将其中男女交感而构成家庭的意义推广开来，及于社会和自然界，把自然界的万物化生和人类社会的和平安康，都归因于物心的交感交融，亦即阴阳二气的相互交感。于此足见，在孔子心目中，周易的交义实占有根本地位，是周易的精髓。

在周易六十四卦中，《乾》《坤》之后继以《屯》《蒙》。《屯》是《乾》《坤》二卦始交而产生的首卦，即序卦所谓"《屯》者物之始生也"。万物始生时的混沌、艰难、动荡、惊险的状态，就是《屯》卦的特点。孔子在象传中形容为："刚柔始交而难生，动乎险中，大亨贞。雷雨之动满盈，天造草昧，宜建候而不宁。"但是本来《屯》是个多难的可怕局面，为什么卦辞却说"《屯》，元亨利贞"呢？孔子又说它是"大亨贞"呢？这里面有许多道理。主要的理由正如汉代易学家虞翻所说："刚柔（指《乾》《坤》）交，震，故元亨，之初得正，故利贞矣。"意思是说，《屯》卦表现出阴阳相交而震动的情况，这是万物始生而前途无量的大好形势（元亨），它一开始就走上正路，所以说应该坚持正常地发展下去。后来晋代易学家王弼又补充解释说："刚柔始交，是以《屯》也。不交则《否》，故《屯》乃大亨也，大亨则无险，故利贞。"他进一步说明刚柔始交的屯难状态，是大为亨通之路。若不交，则社会否塞不通。大为通达，便非险途。故而宜于固守此路，坚持走下去。经过这样解释，屯难之为通途的原因也就昭然若揭了。

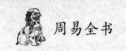

《易》体首尾的交义

周易交义最显著的表现是在六十四卦的首尾。其首是《乾》《坤》两卦,相交而生六十二卦(可谓象征相交而生万物)。若不相交,则《乾》《坤》止息,《易》亦无生(万物无从生起)。其尾为《既济》《未济》两卦,《既济》表示事物之完成,《未济》表示事物之尚未完成。为什么这样说呢?因为《既济》卦之六爻阴阳皆当位相应,亦即相交。不但六爻相交,而且上下卦亦相交:上水下沉,下火上炎,上下交流,相反相成。这种状态,象征矛盾的解决,事情的终结,譬如渡河,业已渡过,故名为《既济》。相反,《未济》卦则是六爻阴阳皆不当位,火在水上,水在火下,火性上炎,水性下沉,彼此乖离,不相交接,不相为用。譬如渡河,尚未渡过,故名《未济》。从周易体系的开头与结尾四卦情况来看,也可以看出交义是贯穿全体的精髓与灵魂。

综上所述,可以断言:无交无《易》。因为无交则无变,无变自然无《易》。清人李道平对《系辞》所谓"《乾》《坤》,其易之蕴邪?!《乾》《坤》成列,而易立乎其中矣。《乾》《坤》毁，则无以见《易》"的论断作注疏说："阴阳交，则《易》立，若《乾》坤》体毁，则阴阳不交，故无以见《易》也"（《系辞上》十二章）。把交义断为《易》体成立的基础，抓住要害，完全正确。

互体见交义

除上述之外，周易还有所谓"交互"之说。其内容为：一个六爻卦由上下两个三爻卦组成。如《观》卦由《巽》为风和《坤》为地组成，《坤》为下卦，《巽》为上卦，故全名为《风地观》，这是一种结构分析法。此外，还有另一种结构分析法。即：把《观》卦的二、三、四视为一卦（《艮》卦），三、四、五视为另一卦（《坤》卦），乃形成《山地剥》卦。于是，一个六爻卦就形成了四个三爻卦，亦即《风地观》卦包含着《山地剥》卦，简称《观》卦包《剥》卦。这种结构分析法的专称是所谓"交互"卦，三、四、五爻相交，谓之交，二、三、四爻相交，谓之互。当然，实质上这不过是六爻内诸爻相交的特定称呼而已。

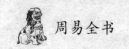

交互卦另一名称谓之互体。这种体例，在先秦时代的卜筮中也出现过，但作为取象解卦的重要方法，则是汉代易学家对周易内蕴的一种发挥。一些汉儒认为，在周代孔子以前古人已开始用互体占卦。在《左传》《国语》二十多个筮例当中有三例即是这样。最常用的例证为《左庄二十二年》陈候使周太史占筮，筮得《观之否》卦。周太史解曰："是谓观国之光，利用宾于王。《坤》，土也；《巽》，风也；《乾》，天也。风为天于土上，山也。"汉儒把这段话解释为，《否》卦下《坤》为土，上《乾》为天，二、三、四爻形成《艮为山》，三、四、五爻形成《巽为风》。恰好是一个六爻卦包含两个交互卦，是互体早已存在的例证。

交互法未必是周易固有的解卦法，但周易内蕴的交义，自然而必然地会在占筮活动和易学研究中发扬发展起来。为此，后代所谓交互体遂逐渐越出六爻的中间四爻，而把五爻、上爻直到初爻亦构成另一卦，再把初爻、二爻、三爻又构成另一卦，如此层层交互，谓之"约象"。总之，从根源来看，统是周易本身内在的交义的进一步表露。

周易之易是否只应解作交易之易，那倒也不见得。

但即使周易之易应作变易解，也不排除作交义解。因为无交焉能有变？"一阴一阳之为道"，说的就是阴阳之交既是宇宙的规律也是周易的法则。

文明的交义

周易作为一部天人合一的哲理书，它的意义当然不限于哲理内部。对政治、社会和人生各方面都有根本性的指导作用。

在思考周易交义的过程中，不免联想到闭关自守、固步自封的落后性和互相交流、改革开放的进步性。英国历史学家罗伯特·路威的《文明与野蛮》一书，非常鲜明、尖锐地以史实证明了这一点。它说："地理只吩咐，如此如此的事情是不能有的，如彼如彼的事情是可以有的，他可不规定哪些事情是非有不可的。要懂得如此者何以如此，如彼者何以如彼，我们必得拿历史来补充地理。此话怎讲？让我们再回到加拿大阿塔巴斯康人去。北方部落应该住暖和房子的住不着，却让南边部落去住。这是什么道理？答语很简单。南方的部落遇见些外族，他们住的是结实房子，就摹仿过来了。北方的同

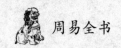

胞没"交"上那些阔朋友，便只能继续在漫天风雪中躲在破烂帐幕里发抖。"

很清楚，南方部落冬天享福，缘于"交"上了好朋友。北方同胞所以在冬天受罪，是因为闭关自守，与世无"交"。

这本书又举例说："有人举日本来作地理势力的绝妙好例，可是没有比这更无意识的话了。日本的山川，日本的气候，并没有在一八六七年来它一个突变呀。然而日本的政治家扔掉了向来的闭关政策，扔掉就是扔掉了。于是日本人就跟我们的文明接触了，要些什么就搬些什么过去。再说，也不用等到一八六七年呀，前个一千多年日本不已经大批的输入中国文明了吗？日本文化发展中的重要关键是和两个外族的关系——不是日本的地理，是日本的历史。"（吕叔湘译）

哲学证明"交"的重要性，历史也证明"交"的重要性，在探讨周易的易字时，不能只取变义而忽略交义。

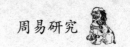

第十三篇　"大人"屑谈

孔子对周易的活学活用

文献记载，孔子晚年酷爱读《易》，下的工夫很大，致于韦编三绝（这里"三"恐是"多"之意）。显然，这不是仅止于学而知之，而是融会贯通，探赜索隐，略其占筮形式，着重钻研《易》理，揭发并发扬其内在的哲学本性。终于继三圣（伏羲，文王，周公）之后，使周易成为一部光辉的哲学（包括道德哲学、政治哲学、人生哲学）著作。

但自古以来，学术界就有一种看法，认为孔子曾经删诗书，定礼乐、作春秋，而在六经之中，只对周易，未敢改动一字。似乎孔子对高深的周易，只是被动地学习，而未能以超越的积极态度来对待，实际上当然并非如此。先不说孔子通过赞《易》进行哲学化，仅就应用问题来说，孔子对周易的占筮亦持保留态度。只说自己多学几年周易可以"无大过"，却未说可以预测祸福。《论语》记载，他曾引用周易《恒》卦的爻辞，赞扬守恒精神，并说过"不占而已矣"这样的话，和战国末季儒学大师荀子所说的"善为易者不占"（《荀子·大略篇》），意思相通。就是说，精通周易是通其义理，用之于人事。至于其占筮，则知之而已，无需深入。荀子是号召"制天而用之"（《荀子·天论》）的唯物哲人，不屑"鬼谋"（卜筮之术），是理所当然。他的先师孔子，向来"不语怪、力、乱、神"（《论语·述而》），对周易取其义理而"不占"，亦无足怪。

这样，孔子以不事占筮的态度对待占筮书，等于从占筮书中去掉占筮之用，只取其奥义，发挥哲理以进德修业。这应该说是对周易的改造与提高。在某种意义上说，这也可以说是孔子对周易的删节。

这篇读《易》的感想文，不可能全面论述孔子如何将周易哲学化。不过，单提一个大问题来证实一下孔子在这方面的表现，却很有必要。

对周易原来是什么性质的书，《易》学界是有歧见的。有的说纯是占筮书，有的说不完全是，有的甚至说，其实质内容根本不是。究竟如何，姑置不论。单说主张周易为占筮书的，宋代的朱熹之外，明代来之德也持此说，他在《易经集注》《乾》卦的注解中讲了何谓《彖辞》，说："《乾》，卦名，元亨利贞者，文王所系之辞，以断一卦吉凶，所谓《彖辞》也。

然后，讲此《彖》辞的性质：

"……文王言筮得此卦者，大亨而宜于正固，此则圣人作易，开物成务，冒天下之道，教人以反身修省之切要也。……此文王占卜所系之辞，不可即指为四德。至孔子《文言》纯以义理论，方指为四德也。盖占卜不论天子，不论庶人，皆利于贞。若即以为四德，失文王说教之意矣。"

话讲得十分明显。亦即：《乾》卦《彖》辞之元亨利贞，不是并列的四个词，而是两个句子。元亨是说《乾》卦的大通之德性，属于天道。利贞是说占者占得此卦时，以守持正固的思想为有利，属于人道。来氏认为这是文王原来给《乾》卦缀上的《彖》辞的本义。至于把《彖》辞视为四个并列的形容词，名之为"四

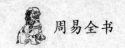

德"（亦即四性），乃是后来孔子纯以义理看待周易，才把它说成四德，不合乎文王《彖》辞的原意。来氏并以占辞的教诫对任何人都是平等的为理由，对他所尊敬的孔子进行了不客气地驳斥。他的本意就在于，孔子不应对周易仅取义理而忽视占术，以致改变了周易作者的原意。换句话来说，就是孔子不该对周易进行违反本义的改造。

来氏把周易视为占筮书，是因袭朱熹之说，看错了它的本性，这是另一问题，容后再谈。但从这段话里却可窥见，孔子学《易》的态度是不仅边学边体会边深入，而且在充分把握《易》义之后，又能进一步做到融合己意读《易》解《易》。略其鬼谋，扬其人谋，终于使它成为中国上古时代哲学的高峰。

顺便说一下，四德之说并非创自孔子。孔子生前13年（鲁襄公九年），穆姜已将"元亨利贞"解为四德。孔子只是采用旧说加以发扬而已。来氏此说来自朱熹，并未将来龙去脉交代明白。

如上所述，孔子是边学《易》，边释《易》，边发展《易》。这里有两个方面：一方面发掘其内蕴，一方面以己意阐释之，齐头并进。所产生的哲学成果，既是

《易》义又是己义，细看《易》传便可了然，定型的周易实质上已成为从占筮胞衣脱胎而出的儒家的哲学著作。

顺便辩解一下：李镜池先生认为，"既然是'引申发挥'，则原来没有的思想又何尝不可以'引申发挥'呢？引申发挥的只能是引申发挥者的思想，不能说就是原来的事物已经含有的。"（《周易探源》）

李先生这种观点，是一种外因论，以生物为喻，动植物不可能互相转化，因为彼此并无对方的"基因"。就学派来说，佛学可以派生许多支脉，但总体离不开释伽教义。《易》学也如此，尽管研究者多达数千家，但谁也不能逸出六十四卦的架构和阴阳之道。原因就在于，孔子所说的"易之为书也，广大悉备"（《系辞下》十章），其中有其道理，始可引申，始可立说。孔传对周易的发展正是如此。它不是以周易的"碎片"为建立周易哲学的材料，而是把周易吞下去消化掉，与自己的血液融合，而后产生出"孔易"这个哲学胎儿。因此，想要真正了解孔子翼赞周易的文辞，就必须从弄清孔子如何"以孔解《易》"并"以《易》释《易》处着手探索，才能弄清真相。

大人是何等人物

下面仅就《乾》卦《文言》中的一段话，由此角度试作探讨。

在《乾》卦《文言》中，孔子在解释九五爻"飞龙在天，利见大人"时，对所谓"大人"作了如下说明：

"夫大人者，与天地合其德，与日月合其明，与四时合其序，与鬼神合其吉凶，先天而天弗违，后天而奉天时。天且弗违，而况于人乎！况于鬼神乎！"。

这段话，就字面译成今语，可以是这样的：

"（九五爻）所谓大人，其德行与天地相一致；其圣明与日月相一致；其行动如四时一样有节有序。其把握吉凶得失的本领，与阴阳万变的妙用相一致。先于天而动，天也不逆；后于天而动，也能顺应天的变化。"

从基本精神来看，这段对《乾》卦九五爻"大人"概念的阐释，其主要思想其实来自周易。孔子一定是在熟读周易，融会贯通之后，才结合自己的见解，作了这样的"以易解易"，故而言简意丰，既符合周易的义蕴，

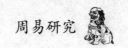

又有所发挥。

下面，仅就这一点谈谈读《易》心得。

这句话是孔子对所谓大人的定义。从语气和内涵来看。大人是孔子心目中至高无上的理想人物，得到孔子倾心尽情的热烈颂扬。那么，大人也者，究竟是什么样的社会存在呢？

大人一词，在大约作于殷末周初的易经文辞中以及春秋末季的《左传》、《论语》中，多次出现。无疑，它是那个时代较为常用的辞语。文王演《易》时，把它用为彖辞，以后又由周公把它用为爻辞。孔子学《易》时特别作了颂扬式的界定。

让我们先看看周易卦爻辞中的大人，看看它在周易思想中具有什么涵义，占有什么地位。

统计一下，在周易中大人一词共出现十三次。其中单独出现十一次，与小人相对出现一次，与君子相继出现一次。单独出现的可以《乾》卦和《讼》卦为代表。《乾》卦九二爻辞是"见龙在田，利见大人"。九五爻辞是"飞龙在天，利见大人"。两个大人所处爻位不同，释义也有不同。但从某一角度分析，可以解作（一）大德之人，有龙德之人，即圣人，虽不在君临天下的尊

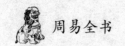

位，但具有极为崇高的道德修养。（二）既有大德又有尊位，甚至是君临天下的大人物。前者是在野的大人，如大舜未得志之时。后者是在其位的大人，如尧舜禹汤文武周公等人。不仅有德而无位者可称大人，甚至在困境中的大德之人也可称大人。《困》卦卦辞曰："亨，贞大人吉，无咎。"处于《困》境，有德者能持正自处，即可吉而无咎。如程颐所说，"大人处困，乐天安命，乃不失其吉也"（《易传》），可见大人的基准在德而不在位。如果无德，则地位再高，也不算大人。如殷纣王，权势最大而道德最低，只能算作"独夫"（孟子语），绝不在大人之列。

有些学者认为，在周易中必须是有大德的圣贤人物，始可称为大人。如：《周易集解纂疏》引孟喜曰："大人者，圣人德备也，"引乾凿度曰："大人者，"圣明德备也"。王安石在《大人论》中也曾重复此说，认为"称其事业以大人，则……德之为圣，可知也。"都把大人视为具有至德的圣人。强调"德"在大人称号中的重要性，是合乎大人本义的说法。但另一方面，周易所说的大人虽必有德，却并不完全指道高德尊的圣贤或君主，官员之有德者也可称大人。如《讼》卦卦辞之

"利见大人"，则是指断案正公的官员，亦即"能以其刚明中正决所讼"（程颐《易传》）的当权人物。后代所称颂的包文正公，在周易中即可称之为大人。

另外，在周易中大人与小人对举论定，只有《否》卦六二爻辞"包承，小人吉，大人否，亨。"意思是六二以阴柔之质，包容承受上峰（九五）的意志而博取欢心，是小人阿谀之道，在小人来说，是吉事，而在大人，则洁身自好，守其否境，是为光明大道。此对举的论定，鲜明地表现出大人这一概念是以道德为灵魂的。总结一下，可以论定：

有大德的人物可称为大人，不论在位与否，也不论地位高低。在周易中，它是伦理概念也是政治概念，而主要是伦理概念。这一点，和当时的流行名称"君子"颇相类似。君子一词有时仅指统治者，不论其道德如何，如诗经中的"彼君子兮，不素餐兮"（《伐檀》），是老百姓讥刺统治者，说他们"不白吃饭"。但周易中的十九个君子，却全指道德高尚的好人，也和大人的情况一样，不论其在位与否。另外，在周易中大人与君子相继并举的例子只有一个，那就是《革》卦的九五爻辞"大人虎变"和上六爻辞"君子豹变"，两者前后相继

出现，也是一种对比，虎的威武胜于豹，虎毛脱变的文彩胜于豹。这一比喻显示，大人的德行超过君子的德行，两者在道德修养的等级上有所不同，所谓"君子小于大人"（孙星衍《周易集解》）引陆绩曰），大约即是此意。孔子曾说："君子而不仁者有矣夫！"（《论语·宪问》）何晏引孔注说："虽曰君子犹未能备"，可见君子次于大人，可为旁证。但同时孙星衍本人又有异说，他认为："《易》者圣人效天法地之书。人与天地参，则《易》与天地准，通天地人之谓儒，天大地大人亦大，故《易》称大人，亦称君子。《尔雅》释诂：君，大也。君子即大人。大人者，合乎天地日月四时鬼神，先奉时而后不违，则自天祐之，吉无不利。"（同上）他把君子视为大人的别名，把二者混为一谈，既有背经义。也与自己著作中上述《革》卦的注释矛盾。这只能说是孙氏学《易》注《易》尚未精到之误。说到这里，涉及一个有关的问题，需要一并说清楚。有的学者单从阶级结构来分析周易的人物概念，认为"大人、君子是支配阶级，小人、弄人是被支配阶级"（郭沫若《中国古代社会研究》）。这种抽掉伦理意义，单作阶级分析的看法，并不能全面揭示这些概念的内涵。这一点在周易的爻辞和思想中表现得十分清楚，无需赘述。至于今日江湖占书或庙里神签中常见的"利见大人"字样，已全指富贵人物，那并非周易本义的延续与发展。如曰来自周易，那也只不过是周易占筮形式恶性影响的后果而已。

总之，大人的神圣性或崇高地位，原无待孔子的赞颂与说明。周易本身原来就表现得非常明显。《乾》卦以龙德喻大人，以飞龙在天喻大人之高升，其隐涵的重要性，已达到至高无上的地步，当然非君子可比。由此足见，孔子在此只是从《易》卦中掘发出《易》义，加以推衍，从而作出了关于大人的定义。孔子删《诗》《书》定《礼》《乐》成《春秋》，赞周易，整理、继承和发扬传统文化，功绩卓著，但他却说自己是"述而不作"，不免过谦之嫌。因为继承、整理、发挥，也是"作"之一种。这一点从他为周易作传——从他发挥周易的涵义为大人作解中，也可以窥见一点消息。

何谓天地之德如何与天地合德

　　大人的本质特性是与天地合其德，周易如此表示，孔子即如斯论定。《乾》《坤》二卦代表天地，这是伏羲画卦时如此取象，文王、周公亦仿此缀辞。这恐怕不仅周易，即《连山》、《归藏》二书，其《乾》《坤》之象义，亦无二致。孔子所说的与天地合其德，实质上就是与周易的《乾》《坤》二卦合其德，合可训同，或训应。训同，谓大人与天地同德，似乎过份；训应，谓大人与天地之德相应，分寸比较合适。

　　这里，若要全解此句的真意，首先必须弄清什么叫"德"。德字，古作直，是直的分化字。德的本源在于道，道为德之母体，老子曰："道生之，德畜之"（《道德经》五十一章），韩非曰："德者道之动（《韩非子·解老》）孔子曰"志于道，据于德"（《论语·述而》）等等，都说明德是道的具体表现。道即规律，一个人得了道，掌握了规律，按此想事行事，即谓一个人有德，个体如此，国家也如此。所谓德政，实即合乎道、合乎法则的政治，反之则是不合乎道、不合乎法则的政治。

所谓有德者，就是思想和行为都合乎规律的人。天地之德，就是按规律运行的天地的性质与功能。所谓大人之德与天地之德相合，就是说，大人的品性与行为与天地的性质与功能相一致。

那么，周易所示的天地之德是什么样的呢？这一问题，要先从天地说起。这里所说的天地，并非具有人格的天神地祇，如殷商以前的普遍观念那样。但另一方面，它也不是指单纯的自然的天地本体，它所指的乃是大自然的天地的本质属性，亦即周易中的《乾》《坤》之德。《乾》为天之德。《坤》为地之德。从文字构成来看，《乾》之"卓"旁象声，"乞"旁象意，意为草木初生，引申为万物始生之义，坤字右旁申象声，左旁土象意，意为土地，引申为大地万物之义，是为大自然的天与地之性质、功能，亦即此处所说的天地之德。

说到这里，又碰到一个问题，即：《文言》此句是解释《乾》卦九五爻时出现的。那么所谓大人与天地合其德的天地，是仅指《乾》卦中的天（九五爻）地（九二爻）呢，还是泛指以《乾》《坤》为"易之门""易之蕴"的天地？对此，有不同的看法，如荀爽认为，"与天合德，谓居五也；与地合德，谓居二也。（孙星衍

《周易集解》）意思是，此句所指仅为《乾》卦爻辞中的大人，九二之"见龙在田，利见大人"，是大人居二位，与地合德。九五爻之"飞龙在天，利见大人"，是大人居五位，与天合德。这种解释，就是把《文言》所谓大人仅限于《乾》卦，这显然是片面观点。理由很简单，倘若从这个观点出发进一步推论，那么下文的"与日月合其明，与四时合其序，与鬼神合其吉凶"云云，却又远远超出《乾》卦的范围。前后脱节，无法理顺。《周易正义》引庄氏所说："谓覆载也"，以及《周易集解》案语所谓"抚育无私，同天地之覆载也"，虽然讲得并不完善，但意指一般的天与地，亦即周易整个体系中的天与地，应该说，这是正确的看法。

但所谓天地之德，究竟指何而言，自来说法不一。除"抚育无私"的覆载之说外，程颐的"合者，合乎道也。天地者，道也"（《易传》）之说，是传统的标准观点。朱熹虽讲了"人与天地鬼神，本无二理，特蔽于有我之私，是以梏于形体，而不能相通"（《周易本义》），欲以理字贯通大人与天地之合，但接下来又讲"大人无私，以道为体"，仍将天地之德归结为道，并无新意。张载的说法是"浩然无间，则天地合德"（《横渠易说》），以气之融一为说，亦语焉不详。说得较为具体的是王夫之。他的《周易外传》中有这样一段话："夫《易》，天人之合用也。天成乎天，地成乎地，人成乎人，不相易者也。天之所以天，地之所以地，人之所以人，不相离者也。易之则无体，离之则无用。用此以为体，体此以为用，所以然者，彻乎天地与人，惟此而已矣。故《易》显其用焉，"大意是说，周易之功能在于天地人合一而用，强调人与天地合德为周易之精髓。关于德是什么，他在下文提出《乾》以纯奇而"居天下之至易"，《坤》以纯偶而"行天下之至简"，"天秉《乾》德，自然其纯以健知矣；地含《坤》理，自然其纯以顺能矣。"以易、简、顺来点明《乾》《坤》之德，即天地之德。以《系辞》的观点来阐释天人合用说，实际是以孔解《易》，以孔解孔。虽非直接诠释大人与天地合其德之句，但其内容却与此息息相关，只是说法稍为具体一些。来之德以独抒所见见长，但于此仍袭旧说。他所谓"大人所具之德，皆天理之公，无一毫人欲之私。若有一毫人欲之私，即不合矣"（《易经集注》），仍是程朱理学观点的复述，并无创见，而且与孔子《文言》的原意并不一致。从《论语》来看也罢，从《易》传来看也罢，孔子的思想绝不否定人欲。若以无间、无我、无欲来解释人天合一，颇有禅味，显然是佛学成分渗入了儒学。还有陈梦雷之说，也可资参考，他说："九五之为大人，大以道也，天地者。道之原。大人无私，以道为体，则合乎天地易简之德矣"（《周易浅说》）。这是以孔子易简之说来解释天地之德，而又以程朱道学观点来解释易简之德，是孔学与宋学的杂烩。如此等等，说法分歧。但有个共同点：都说得简陋、笼统，语焉不详。不仅关于天地之德的解说如此，关于"与日月合其明，与四对合其序，与鬼神合其吉凶，先天而天弗违，后天而奉天时"等的解说，也都是一个调子。

下面举几个通行的权威注释，以见一斑。

（一）上述《周易集解》引庄氏曰与天地合其德者"谓覆载也"，与日月合其明者"谓照临也"，与四时合其序者，"若赏以春夏，刑以秋冬之类也"，与鬼神合其吉凶者，"若福善祸淫也"，先天而天弗违者，"若在天时之先行事，天乃在后，不违，是天合大人也。"后天而奉天时者，"若在天时之后行事，能奉顺上天，是大人合天也。"

这种注释支离破碎，意思不能贯通，又不圆到，其中有的说法还牵强附会，令人难以苟同。说天地之德为覆与载，不但不全，而且只触及天地功能的一部分，未揭示天地的本质。说日月之明为照临，也太简单，如何"合明"，并未言及。而以福善祸淫之报应观点解释与鬼神合其吉凶，又流于怪异，不具说服力。至于先天而天弗违，后天而奉天时的注释，则仅是字面的译述，说了等于没说。而其最大缺陷，则是未能以周易思想来作解释，即未能作到以《易》解《易》，当然也不完全符合孔传的思想。

但号称"发明三圣之旨，通贯万化之蕴"，作为学易必读的《周易正义》，也引用上述庄氏之说，不加修补，不能不令人感到失望。

（二）程颐的解说：

"大人与天地日月四时鬼神合者，合乎道也。天地者道也，鬼神者造化之迹也。圣人先于天而天同之，后于天而能顺于天者，合于道而已。合于道，则人与鬼神岂能违也？"（《易传》）

在此处，程氏从总体上单以一个道字作解，深得要领，可谓要言不繁。但"天地者道也"的道，应是规律

之意，单以合乎规律来解释这段话，未免过简，虽然以"造化之迹"解释鬼神，说得很恰当，但其他方面，只是笼统带过，仍未能讲清原意。

（三）朱熹的解说：

"人与天地鬼神，本无二理，特蔽于有我之私，是以梏于形体，而不能相通。大人无私，以道为体，曾何彼此先后之可言哉！先天不违，谓意之所为默与道契，后天奉天，谓知理如是奉而行之。"（《周易本义》）

朱氏在《本义》中说理又说道，实际仍在说道，与程说彷佛。但说鬼神与人本无二理，不如程颐"造化之迹"之说，具体、深刻。至于合德、合明、合序、合吉凶等，均未言及。对先天后天，也是以道、理一笔带过，只是原文的浅释，而非内涵的发明。

（四）来之德的解说：

"合德以下，总言大人所具之德，皆天理之公，而无一毫人欲之私，若少有一毫人欲之私，即不合矣。天地者造化之主，日月者造化之精，四时者造化之功，鬼神者造化之灵。

"覆载无私之谓德，照临无私之谓明，生生不息之谓序，祸福无私之谓吉凶。

46

"合序者，如赏以春夏，罚以秋冬之类也。合吉凶者，福善祸淫也。先天不违，如礼虽先王所未有，以义起之，凡制耒耜作书契之类，虽天之所未为，而吾意之所为，默与道契，天亦不能违乎我，是天合大人也。奉天时者，奉天理也。后天奉天时，谓如天叙有典，而我惇之，天秩有理，而我庸之之类。虽天之所已为，我知理之如是，奉而行之，而我亦不能违乎天，是大人合天也，盖以理为主，天即我，我即天，故无后先彼此之可言矣。……《乾》之九五以刚健中正之德，与此大人相合，所以宜利见之，以其同德相应也。"（《易经集注》）

来氏此解，显然是继承《正义》、《本义》的旧说而略作浅释，颇似理学《易》说的延长。但其中提到《乾》九五以刚健中正之德，与大人同德相应，能以《易》德释人德，应视为合德的正面解释。唯把大人仅限于《乾》九五，未能广及全《易》、泛及人类，却与《文言》之孔意不全相应。

（五）再看看陈梦雷的《周易浅述》：

"九五之为大人，大以道也。天地者，道之原，大人无私，以道为体，则合于天地易简之德矣。天地之有象，而照临者为日月，循序而运行者为四时，屈伸往来生成万物者为鬼神，名虽殊，道则一也。大人既与天地合德，故其明目达聪，合乎日月之照临；刑赏惨舒，合乎四时之代禅。遏扬彰瘅，合乎鬼神之福善祸淫。先天弗违，如先王未有之礼可以义起，盖虽天之所未有，而吾意默与道契，虽天不能违也。后天奉时，如天秩天序天理所有，吾奉而行之耳。盖人与天地鬼神本无二理，特蔽于有我之私而不能相通，大人与道为一，即与天为一，原无彼此先后之可言，其曰先天后天者，亦极言或先或后皆与天合也。"

在上述名家的解说中，陈氏的阐述比较具体，能将原文的概念略加展开。但总体看来，仍然是旧说的延续。除所谓蔽于有我之私云云带有禅味外，大人与道与天为一而无先后之可言云云，既非周易之含义，也乖离孔子《文言》之思想。虽然其中提到天地易简之德，触及要害，但全面看来，仍未抓住孔子思想和周易内涵的统一和融合，未能以此为中心展开解说，所以如此解说，仍不能令人满意。

孔《易》与周《易》的合德

为此，想要彻底全面了解《文言》此话的真义，必须首先把握孔传与《易》义的"合德"。

在孔子思想中，周易是至高无上的圣典，他以"《易》其至矣乎"的赞叹词句进行颂扬，认为《易》之所以如此高尚，原因在于"《易》与天地准"，亦即效法天地人而作，故能"弥纶天地之道"，亦即"冒天下之道"，把天地间的一切道理和法则完全包络在内，其内涵"广大悉备，有天道焉，有人道焉，有地道焉，"故而能"以体天地之撰，以通神明之德"，"开物成务"，'以通天下之志，以定天下之业，以断天下之疑""崇德广业"，"穷神知化"（以上《系辞》）。总之，周易之借天道以明人事的内容，和孔子效法天地的天人合一思想，是完全一致的，不谋而合的。因此，能与天地合德以开物成务，是周易理想中的大人，当然也是孔子理想中的圣人，尧、舜、禹、汤、文、武、周公，便是孔子所崇拜的与天地合德的伟大人物。

那么，所谓与天合其德的"德"，依《易》义与孔

义来说，其全部面貌（性质、功能）的具体情况到底是怎样的呢？

前面说过，天地之德即乾坤之德，在实物谓之天地，在《易》中谓之《乾》《坤》。就形体说，谓之天地；就性质说，谓之《乾》《坤》。欲知《乾》《坤》之德，须先知《乾》《坤》之状。《乾》之状为三个阳爻，《坤》之状为三个阴爻，三阳重而为六，成为《乾》卦，三阴重而为六，成为《坤》卦。《乾》《坤》两卦的结构显示，《乾》是纯阳之体，《坤》是纯阴之体，孔子所谓"《乾》，阳物也，《坤》，阴物也"，当指此而言。

先说《乾》卦。《乾》取象于天，象征天的阳性，纯阳之性。纯阳之性的特点是什么呢？是"刚"，是刚强有力。不仅刚强有力，而且运动不息。这就叫作"健"，健是天的本性。天之运行，强而有力，不疲不倦，永无休止。故而取象于天的《乾》，也便以健为本质属性。同时，如前所述，乾字的构成表示事物的伊始。始生之物，潜力最强，如一粒草种，表面虽弱，但具有纯阳的内在活力，即便深厚的土壤，甚至沉重的石隙，也能穿透而出，其力量何止千百万斤。故而

"《乾》知大始"之"始"，亦充分具有健意。总而言之，纯阳之体、刚强不息、生物之始这三点，筑成了天的《乾》性，亦即健性。这是天的本性，亦即天德之主。

《乾》卦的《彖》辞是元亨利贞，这是文王所缀，是对一卦大义的断语，其含义历来有歧释。一种解释，最早见于《左传·襄公九年》。鲁成公之母穆姜因谋叛而被废。当时她曾占筮以问吉凶，遇《随》卦辞元亨利贞。她的解释是："元，体之长也；亨，嘉之会也；利，义之和也；贞，事之干也。"这种解释，恐非深居王宫骄奢淫逸的穆姜所能作出，大约来自巫史的传统说法，或流行于上层社会的说法。穆姜之说为四德说，其出现早于孔子生前十三年之久，孔子赞《易》时当然早已知道它。孔子在《文言》中的解说与此类似却不尽同。《文言》曰："元者善之长也，亨者嘉之会也，利者义之和也，贞者事之干也。"除把元者体之长也"的体字改成善字之外，其他和穆姜之话完全一样。显然，这是孔子作《文言》时引用穆姜的四德说而略加改造的结果。但是，虽文辞略有改变，解释的话却和穆姜相同，都是所谓"体仁足以长人，嘉会足以和礼，利物足以和义，贞固足以干事。"本来穆姜对元亨利贞的解释，已很精当、深刻，再经孔子一润色，以"善"代"体"，其哲理性与伦理性又提高了一个层次，使《易》理发扬的广度与深度大为提高。但有些《易》家却持歧见，如朱熹就认为元亨利贞并非四德，而是筮辞"元亨，利贞"。即占得此卦者，其运"大通而利于守持正固，原是文王以占筮教人之辞。"这种说法突出了占筮性而贬低了义理，殊不可取。"元"何以处于体之最高位，即善之最高位？这须从"元"的本始义蕴领会。"始"为生之始，其精粹其活力其前途，一片光明，宇宙最美最善者无逾于此。"天地之德，浑涵于此。于时为春，于人为仁"（陈梦雷《周易浅述》）亦即《释名·形体》所谓"天以生物为元，人以生物为仁"。宇宙间之真善美，皆由此开端。故曰善之长。"亨者嘉之会"的意思是，善之始发，蓬勃不已，通向四方，一切皆为之畅达融合，所谓"乾元者，始而亨者也"，大概就是这个意思。此之为亨。嘉为美，众美由此融合，形成美之冠，则为"嘉之会"。"于时为夏，于人为礼。"夏季万物畅茂，众美合聚，而礼须交接会通，人物盛聚，所谓礼仪三百，威仪三千，繁文缛礼，气象万千，故曰"嘉之会"。"利者义之和也"，是说《乾》天始生，畅通无阻，众美合聚，"阴阳相合，各得其宜"（荀爽语）成果和合，有利于世，"于时为秋，于人为义"。义者宜也，合理为宜，诸事皆宜，即义之和，亦即利之和。故曰"义者利之和也"。"贞者事之干也"的贞，一作正，贞训正，干训树干，坚守贞正，为办事的骨干，"于人为智"。秋收冬藏，冬日须确保收成，坚实无误，以待来年之需。人智亦如收成，必善于守藏，以利今后之用。如此，元亨利贞，即始、通、宜、正，一气生发，沛然莫能御之，是由于天之德一以贯之。这天之德是什么？就是一个健字。所以，《乾》者健也，是对《乾》卦元亨利贞四德最扼要的断语。分开讲，谓之元亨利贞，统而言之，谓之健。即：天以其乾元之性发而致亨利，归于一贞，是健德的功能。《乾》卦卦象爻象象辞如此表现，孔子的体会也完全相符。他赞叹："大哉，《乾》元，万物资始，乃统天。"

意思是：《乾》元为万物始生之基，宇宙一切皆靠它而生。它是天的本质，能指挥天的运行。

《乾》元何以具有如此强大的威力？孔子答曰："天行健"（《大象》）。意为天的运行，刚强不息，"大

哉《乾》乎，刚健中正，纯粹精也。"（《文言》）（六爻
纯阳，是阳之精。阳为刚，刚则不屈，健则力作不息，
一三五爻居阳位，为正。二与五爻分别居初、三与四、
六之间，为中，是为刚健中正。）

"夫《乾》，天下之至健也。"（《系辞下》）

（《乾》为天下最刚强有力而孜孜不息的品质）

从上述《乾》性的解释可以看出，孔子认为天德的
根本是《乾》，《乾》即是健，天之所以能为万物之始，
生生不已，运行不忒，亨利贞干，端在于健德。

天地相对而统一，《乾》《坤》亦相对而统一。
《乾》卦皆奇爻，通体纯阳；《坤》卦皆偶爻，通体纯
阴。《乾》象天，《坤》象地。坤字由土（土地）与申
（伸展）构成，为大地之象征。地之德（即纯阴之德），
是什么呢？文王的《彖》辞已有明示。《乾》卦《彖》
辞为元亨利贞，《坤》卦《彖》辞亦有这四字，但插入
"牝马"。如依程传，这是由于"四德同而贞体则异。"
意为元亨利贞之四德，天地（《乾》《坤》）同具，区别
在贞之性质不同。"《乾》以刚固为贞，《坤》则以柔顺
为贞。"柔顺之性取象于牝马，牝马之行止须依于牡马，
听从牡马指挥，有健行不息之性，故而比喻为"牝马之

贞"。

《坤》卦卦辞有两种解法，第一种是自王弼始分为两句，元亨为上句，利牝马之贞为下句。朱熹亦如此断句，他认为《易》为占筮之书，占者筮得《坤》卦，其运气为元亨（大通），但须坚守牝马般柔顺从阳，健行不渝，方才有利。另一种是看作一句，元、亨、利、牝马之贞为几个并列谓语，类似《乾》卦，仍为四德，这是程颐的说法，来之德斥之为"泥于四德，所以将利字作句"（《易经集注》）。其实，《乾》《坤》如天地一般，互相对立又互相依存，《乾》《坤》合作始成四德。《系辞》所谓"《乾》《坤》其易之蕴邪？《乾》《坤》成列，而《易》立乎其中矣。"《易》立于《乾》《坤》之列中，《乾》《坤》合作，为六十四卦之始。《易》不单始于《乾》，亦不单始于《坤》，而始于《乾》《坤》两卦之一体。这样，从根本看来，《乾》德不能孤立，四德之于《乾》《坤》，自分处观之，《乾》健而《坤》顺，《乾》阳而《坤》阴；而自合处观之，则健顺统一，始成《乾》《坤》之四德。从"乾道成男，坤道成女；乾知大始，坤作成物"（《系辞上》首章）等处来思索，自然会领悟《乾》《坤》四德是合中有分，分中有合，虽有不同而浑然一体。由此观之，侧重筮法的朱、来之说，既不合于《易》蕴，自亦不合于孔子思想。故此无妨说，《乾》《坤》合体而四德始备，而万物资始资生，而万象亨通，而万事宜合，而贞正固持。《乾》之能如此在于健，《坤》之能如此在于顺。《说卦》传所谓"《坤》者顺也"，是抓住了《坤》的本质特性。《乾》统天而行，《坤》顺天而行，《乾》健而不息，《坤》顺而不息，如此而造成生生不已、千变万化的花花世界。

对《坤》之特性，孔子在《大象》传中作如是说："地势《坤》，君子以厚德载物。"

不说地势顺而说地势《坤》，为什么？朱熹认为是用字偶有不同，不必穿凿（转引自《周易浅述》）实则坤字即顺字，古文作《，而《即顺之假借。故而"地势坤"，实即"地势顺"。

但这里出现了问题：地之形势本是参差不齐，何以言顺？孙星衍《周易集解》引宋衷的解答是："地有上下九等之差，故以形势言其性也。"意为不言地形而言地势者，是由于地形之不齐不可言顺，而以地势言之则可，因为地势可用来表明地性之故。《周易正义》则认为，"地势方直是不顺也，其势承天，是其顺也。"把地势顺解作具有承顺天运之势，实乃片面之辞。因为地不仅顺承天运，亦顺应物宜，地势之顺乃地对外之天性，不因对象而异。问题的征结在于，势字不仅作形势解，亦作力之奋发解，如风势雨势。此处之地势可释为地之性能。地势顺即地之性能为顺，这样解释，较为合适。

从地势《坤》中，孔子体会出的道理是"厚德载物"。这个体会如同从天行健中引出的自强不息的道理，同样符合天地之德，极为深刻。很明显，大地具有敦厚之性与载物之能。以厚性承载万物，是地之功能，而此功能当然来自顺德。如违戾不驯，则不能顺天生物，也不能载物成物。唯以顺德，大地才能做到"不习无不利"，发挥其"元亨利牝马之贞"的作用。《文言》说："《坤》道其顺乎！"可谓一语中的。对《乾》卦，孔子赞叹说："大哉乾元，万物资始，乃统天。"对《坤》卦则赞叹说："至哉坤元，万物资生，乃顺承天。"一则资始，万物凭以始生；一则资生，万物凭以生成；一则统天，以健德统领天体；一则顺天所施，以顺德厚载万物。

为什么对《乾》元称大，而对《坤》元称至？程传说，这是由于"资生之道，可谓大矣。《乾》既称大，故《坤》称至。至义差缓，不若大之盛也。"他认为至义稍逊于大义，自资生之道视之，《乾》称大而《坤》称至，合乎分寸。而王引之则训"至"为"大"，认为"《坤》与《乾》有并大之义"，不必如《正义》以来宋世说《易》之"强为分别"（《经义述文》），虽可备一说，但稍嫌粗略。细绎文义，"大"与"至"此处义应有别。"大"言天体广大无疆，无所不包，"至"训极，言大地顺天生物，厚德载物，其功能无所不尽。"大"是就资始统领空间而言，"至"则是就顺随资生的功能而言。总而言之，是谓《乾》《坤》之德广大而极尽之意。健顺之外，《乾》《坤》还以其阳阴之质而体现为刚柔，刚柔也是《乾》《坤》之德。孔子曰：

"大载《乾》乎，刚健中正，纯粹精也。"（《文言》）

"《坤》至柔而动也刚。"（《文言》）

"《乾》《坤》其易之门邪！《乾》阳物也，《坤》阴物也，阴阳合德而刚柔有体……。"（《系辞下》六章）

《杂卦》说："《乾》刚《坤》柔。"无论《杂卦》

是否为孔子所作，这一论断则完全符合孔意与《易》义。全经《象》传言及刚柔之卦凡五一，《象》传言及刚柔者凡十六爻，可见刚柔之为用，在《乾》《坤》的德性中亦占有重要位置。

或曰：阳刚阴柔，阴阳刚柔本为一体，分而言之，何也？这一点，《说卦》已给予解答，答曰："立天之道曰阴与阳，立地之道曰柔与刚。"天道变化谓之阴阳，近于造化而言。地道运作谓之刚柔，近于物性而言。或者也可说，侧重于本质谓之阴阳，侧重于功能谓之刚柔。

所以，《乾》卦纯阳，亦可谓纯刚，《坤》卦纯阴亦可谓纯柔。刚柔与阴阳一样，同是《乾》《坤》天地之德性。而《乾》《坤》天地创生万物，则万物亦莫不有阴阳之质与刚柔之性，即：健顺二德虽源于《乾》《坤》，但万物（包括人）既资生于《乾》《坤》，则亦莫不有健顺二性。故而人或物之与天地合其德，自有其演绎的必然性。

天地合德与《乾》《坤》合德

从《乾》《坤》运行的功效方面来看，易与简也分别是《乾》《坤》的个性。《系辞上》说："《乾》知大始，《坤》作成物；《乾》以易知，《坤》以简能；易则易知，简则易从；易知则有亲，易从则有功；有亲则可久，有功则可大；可久则贤人之德，可大则贤人之业，易简而天之下之理得矣。天下之理得，而成位乎其中矣。"（四章）

知训主，大即太。《乾》知大始是说乾主持至极至大的创始。《坤》作成物，是说《坤》顺《乾》而作成万物。《乾》以易知，是说《乾》以平易主持创始，以健德而动，主持始物，自然而然，顺理成章，毫不勉强造作。不见其有为而实际上无所不为，平平易易，并无繁难之处。孔子所谓"天何言载，四时成焉，百物生焉"（《论语·阳货》），就是《乾》以易知的一个注解。《坤》以简能，意为《坤》之性为顺而静，承《乾》之施而作成万物，并不自作主张，"不习无不利"，简简单单，并不复杂。以简约显其功能，是《坤》的个性。易

60

则易知，简则易从以下，讲人法《乾》《坤》之德和天地之道的功效。《乾》的个性既如此平易，则人所容易明白（此处"知"是知晓之意）。《坤》之个性既如此简单，则人所易于遵从。容易明白便获得人们的亲近，容易遵从，便会显出其功效；获得众人亲近，自可恒久不已；显出功效，则可发扬光大。恒久不已之理，便成为贤人的自在之德，发扬光大之德，便成为贤人的功业，人若抓住易简二字，便掌握了天下的根本规律，掌握了天下的根本规律（亦即掌握了《易》理），便可在天地之间确立适中的地位，"至此则体道之极功，圣人之能事，可以与天地参矣"（《周易本义》）。约言之，就是《乾》性易，《坤》性简，，易简为天地之理，人得易简之理，与天地合德，天地人并而为叁，从而形成圣人的地位，同时也才成为通晓周易的人物。

《乾》《坤》的易简之性，也是由《乾》《坤》的健顺之根性所决定的。《乾》健而动，自然地主于始物而无繁难，是为易。《坤》顺而静，受《乾》阳之气而具成物的功能，简单而不复杂，是为简。一言以蔽之，健则易，顺则简。也可以说，易简是健顺所派生的德性。

总起来说，以上所述，要点在纯阳之《乾》与纯阴

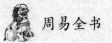

之《坤》，其根性是健与顺，由健顺而生刚柔，而生易简。

但关于天地《乾》《坤》之德的问题，到此是否已告终结？细思之，尚未说清。亦即进一步观之，《乾》《坤》合德的关系、相反相成的关系，还有待说明。

一阴一阳之谓道，道之内涵为阴阳互根，阴阳互变，纯阳之《乾》必以纯阴为根，纯阴之《坤》也必以纯阳为根，相反相成。可谓阳兮阴之所倚，阴兮阳之所伏，老子所谓"万物负阴而抱阳"，应是此意。是以周易之始，并非始于《乾》卦而是始于乾坤二卦（殷易《归藏》则始自《坤》《乾》，而非始自《坤》卦）。故而《乾》之根性"健"中，自然内含《坤》之根性"顺"；《坤》之根性"顺"中，自然内含《乾》之根性"健"。如此，则运行之际，《乾》则行健而有时或顺，《坤》则行顺而有时或健。《文言》说"《乾》元用九（善于用九）乃见天则"，表明《乾》之健有重刚之时，应节之而保持刚柔适中，是天之法则。就《乾》卦说，《乾》性虽健，亦必与时偕行，潜、见、惕、跃、飞，各随其时不能一健了之。最要紧的是避免过亢，勿以刚健之性，一意猛进，以免物极必反，遭到"有悔"的惩罚。"有悔，非德也。"故而《乾》卦"初曰德之隐，二曰正中，三四曰进德，五曰天德，独上不言德。"（陈梦雷《周易浅述》），因为上为亢极，"知进而不知退，知存而不知亡"（《文言》），无德可言。即此可见，《乾》虽纯阳而含阴质，《乾》虽刚健而含柔性，是谓阳中之阴。见其健而不见其柔，等于见其阳而不见其阴，同是片面观点。《坤》的情况，与此相同，阴中含阳，是谓阴中之阳，顺中含健，也是与时偕行，"不可为典要"。所以《文言》说："《坤》至柔而动也刚。"意即《坤》性虽极为柔顺，承《乾》行事，但其生成之力，如牝马随牡马奔行，势不可挡，孜孜不息，是为顺中之健，柔中之刚，从根本上说，正是阴中之阳的表现。

关于《乾》《坤》之间这种既对立又统一的关系，孔子是这样论述的：

"夫《乾》，天下之至健也，德行恒易以知险。夫《坤》，天下之至顺也，德行恒简以知阻。"（《系辞下》十三章）

这段话，由于文字的解释有所不同，意思也有差异。一般都训知为知晓，意即《乾》为天下之至健，其德行永恒平易，但学者可以从中知道艰险。《坤》为天下之至顺，其德行永恒简约，学者可从中知道阻难。这样解释，须将全句的主词"乾"，在句中换为"学者"（意中省略），甚不自然。拙见以为这段话的主词《乾》与《坤》，理应一贯到底，则文气充沛自然。暗换主词，总嫌别扭。关键在知字。实则知字多义，亦可训见、现，如《左传二十八年》："晋侯闻之而喜可知也。"《吕氏春秋·自知篇》："文侯不悦，知于颜色"等，即是。知为现意，则此段话两复合句都不必暗换主词，可以解作：《乾》为天下之至健，其德行经常平易而有时现出艰险，《坤》为天下之至顺，其德行经常简约而有时现出阻难。"这样解释，文气充沛，文意通顺，较知训晓为优。总之，《乾》性虽恒常健而易，但不是没有艰险，如《乾》三爻即重刚而有险，上九即过亢而有悔。《坤》性虽恒常顺而简，但不是没有阻难，如《坤》初之履霜坚冰至，六四之"括囊"避害，上六之疑于阳必战，就是明证。

综上所述，深入思之，即可知"与天地合其德"的天地之德（《乾》《坤》之德），究为何物。分言之，天之德为健、刚、易，以健为主，时或有险。地之德为顺、柔、简，以顺为主，时或有阻。合言之，正如王夫之所说"天秉《乾》德，自然其纯以健知矣。地含《坤》理，自然其纯以顺能矣"（《周易外传》），天地之德无非健、顺二字。人处天地之间，与天地参，法天法地，进德修业。法天之健德，以"自强不息"；法地之顺德，以"厚德载物"。能如此，则会逐渐造成与天地合其德的根基。理想的大人，是在这方面已达到人天合一的崇高境界。君子进德修业，也应以此为奋斗目标。恐怕不止大人、君子，即小人、平民也应沿此道路立身行事。这既是周易的内蕴，也是孔子的思想。孔子以《易》解《易》，以孔解《易》，的确作到了孔《易》合一，浑然一体。

从古迄今，在中华二千多年的历史上，孔子从周易中发掘出来的这一与天地合其德的思想——以向上的精神自强不息，以广阔的胸怀宽厚容物，应该说，早已成为民族传统思想的精华与骨干，由历代的大人、君子以及平民继承下来，并发扬光大。反过来，凡与此相反的思想行为，当然是中华文化长河中的污物与糟粕，应被抛弃，自不待言。

何谓"与日月合其明"

周易六十四卦体系的结构是三十二对卦的联结，分为上下两经。上经三十卦，下经三十四卦。上经始于《乾》《坤》，终于《坎》《离》；下经始于《咸》《恒》，终于《既济》《未济》。所谓"与天地合其德，与日月合其明，与四时合其序，与鬼神合其吉凶"云云，虽然表面上是对《乾》卦九五爻大人的精神境界及其德行所作的说明，实际上这一说明的涵义，早已蕴藏、贯通于全《易》体系之中。上经之始于《乾》《坤》，是说卦，也是说万物。始于《乾》《坤》即始于天地，万物莫不如此。《乾》《坤》之德亦即天地之德，所以"与天地合其德"，也就是与《乾》《坤》合其德。《乾》《坤》为《易》之门、《易之蕴》，六十四卦象生于斯，涵义亦生于斯。由此可见，从内涵来看，周易可谓始自天地之德，前面所述都是关于这方面的内容。上经的结尾是《坎》《离》，《坎》为水、亦为月，《离》为火，亦为日，《说卦》早有交代。如此，则上经之终，亦可谓终于日月。换言之，也可以说周易上经始于天地之德，终于日月之明（《准南子·天文训》"月，天之使也，积阴之寒气，大者为水，水气之精者为月。"）。当然，这是就结构的安排而言，实质上天地日月之明德，是贯通于全经的机体。为此，关于"与日月合其明"的含义，首先应该从周易本身来探赜索隐。

关于这一问题，汉易的解释可见于《周易集解纂疏》。其中引荀爽之说："《坤》五之《乾》二成《离》，《离》为日，《乾》二之《坤》五为《坎》，《坎》为水。"讲了《乾》《坤》爻变形成《坎》《离》的情景。这种卦变说，和大人"与日月合其明"的问题，毫无关联，离开义理单讲象数，文不对题。其中案语引庄氏谓"照临也"，又说："言大人威恩广被，无远弗屈，若日月照临于四方也。"意为大人之治理天下，其恩德与威严无远不被，如同日月的光辉，居高临下，照亮人间。这是单从政治的侧面来作解释，大体上与周易本义及孔传《文言》之义接近，但语焉不详，深广程度有所不同。孔颖达的《周易正义》仍采用庄氏说法，没有补充。张载所谓"照无偏系，则日月合明"，来之德所谓

"照临无私"，也都是旧说的延用，并无新解。

欲彻底了解此句的含义，还得首先对《文言》作者的本意，进行探索。

《系辞上》十章有这样一段论述："……法象莫大乎天地，变通莫大乎四时，悬象著明莫大乎日月。"在这里，孔子所谈的是关于人法自然的问题。他认为，在效法和取象上最大的对象，莫过于天地；在变化会通上最大的东西，莫过于四季；在高悬形象、显示光明上最大的东西，莫过于日月。换句话说，在孔子思想中，在人法自然以立人事方面，天地、四时和日月，占有最大最明显的根本地位。所谓悬象著明，当然具有居高临下，普照人间，给人以温暖和光明，惠及万物而无偏私等含义。上述庄氏等易家的解说，当是由此演绎而来。

在论及周易的优越性和《乾》《坤》的始基功能时，孔子曾这样赞叹说：

"广大配天地，变通配四时，阴阳之义配日月，易简之善配至德。"（《系辞上》六章）

译成今语就是：

以《乾》《坤》为始基的周易大而且广，与天地相似；往来变化，运动不已，与四季相似；一阴一阳，一夜一昼，与日月相似；平易简约中庸贞正，与圣人的最高德行相似。

这段话的中心思想是，天地之大、四时之变和日月之明，是周易所反映的对象。既是宇宙之真理，又是圣人的至德。

这段话所说的日月，已经不仅指其光明，不仅指上述庄氏所说的"照临"，而涉及到天体运动的阴阳问题。日为阳，月为阴，日为昼，月为夜，日月之光就是在这种一阴一阳的交迭更替中居高临下，普照人间的。这样看来，孔子在《系辞》中所谈到的日月，其内容早已超出后代的解说。这里，不禁令人感到这些后代的儒家弟子，对孔子的易传似乎理解得尚未透彻。

《系辞下》还说过：

"日往则月来，月往则日来。日月相推而明生焉。"（五章）

这是孔子讲解《咸》卦九四爻辞"憧憧往来，朋从尔思"时所说的一段话当中的一部分。他讲"天下殊涂同归，一致百虑"的定理时，举出日月四时为例，说明大自然在不停的变异中，体现一定不移的真理。日月不停地往来推移，互相交替，昼夜轮迥，从而生出人间的光明。换句话说，他认为日月之明，是在昼而夜、夜而昼这样的阴阳交替中生出的，这和上举"阴阳之义配日月"，是一个意思。

《系辞下》里还有一段话涉及日月之明：

"天地之道，贞观者也；日月之道，贞明者也；天下之动，贞夫一者也。"（一章）

关于贞字，韩康伯说："贞者正也，一也。"并引老子的话"王侯得一以为天下贞"来论证"万变虽殊，可以执一御也。"他认为，"天地之道贞观者也"的意思是："明夫天地万物莫不保其贞而全其用也。"这个解释并不恰当，但训贞为正为一，还是对的。训贞为常，也不错——保其正而一贯不移，即是常。故贞字可解为常保其正。孙星衍《周易集解》引陆绩曰："言天地正，可以观瞻为道也。"讲得好，可视为正解。来之德循此解释说："观者，垂象以示人也，道者天地日月之正理。"可以说，符合《系辞》的本义。具体说，天地保持正常的"大观"形象，垂示人间，使圣人得以仿效，所谓"效天法地"，取得德行之本而造福于天下。正如《系辞下》另一处所说"包（伏）羲氏之王天下也，仰则观象于天，俯则观法于地。""黄帝尧舜垂衣裳而天下治，盖取诸《乾》《坤》。"（二章）《说卦》所谓"《离》也者明也，万物皆相见，南方之卦也，圣人南面而听天下，向明而治，盖取诸此也"等等，意思在于说明天地、日月等大自然，以其正常的面貌垂象示人，人间万事万物亦循正常之理而运行。人间的圣人效法天之象与德而创为《易》卦，又吸取《易》卦之象与理，而治理天下。效法日月之明，是其中一大端。帝王南面而治，向明而治，是取诸《离》卦，而《离》卦则来自于效法天日之明。

从上述可得出一个信息，即《文言》所谓"与日月合其明"，其意义绝不止"照临与阴阳之义"而已，那只是自然的客观的景象与功能。圣人、大人效法日月之明、效法其照临及阴阳之变的景象与功能，用之于治国平天下。甚至面南而坐，也是从效法天日之明而来。①

———————

① 上古帝王之治取之于《易》卦，显然属于臆想。但那是另一问题，此处只探讨《系辞》中天人合一的观念。

依据这一点进一步观察，可以见到，在周易体系中法天之"明"，实为重要概念。

《坎》《离》与日月

探讨"与日月合其明"问题，必然涉及《坎》《离》二卦的象征。据《说卦》所记，《坎》《离》象征水火，也象征月日。从义理上说，《离》为火，又为日，日为火之司，其关联自然成理。但《坎》为水，又为月，月与水的关系却不易理解。虞翻注释《坎》卦卦辞所谓"……水行往来，朝宗于海，不失其时，如月行天。"以设譬联结水月关系，实为牵强。《准南子·天文训》所说"月，天之使也，积阴之寒气，大者为水，水气之精为月"，这样论理而推，较前说为优，但《易》中并无此象，当属离经衍义，也难令人首肯。对此唯有从象数上寻觅，始可找到答案。陈梦雷的解说，就合乎经义。他说："六十四卦以《乾》《坤》为首，而《坎》《离》居其中。盖《坎》《离》二卦，天地之心也，造化之本也。天一生水而二生火，《坎》藏天之阳中，受明为月。《离》丽地之阴中，含明为日。《坎》为水而司寒，《离》为火而司暑。《坎》为月而司夜，《离》为日而司昼。故先天之图，《乾》南《坤》北，后天则《离》南而《坎》北。《坎》《离》为《乾》《坤》之继体"（《周易浅述》）。这样从《乾》《坤》相交而生《坎》《离》，从《坎》《离》的天阳多少而生水火，从《坎》《离》内伏阴阳之别而分日月，再以《坎》《离》之司寒司暑，论及其为夜为昼，最终据以论证先后天图中《乾》《坤》《坎》《离》位置的相对变动，层层深入，条条成理，既可自圆其说，又不乖离周易象数之义。虽是承袭汉宋《易》家之说，但作为问题的答案，却比较允当。

但另一方面，周易六十四卦大小《象》及卦辞爻辞中表现日明之处，却多于月明之处。爻辞虽有"月几望"三处：《小畜》上九《归妹》六五以及《中孚》六四，但都是强调阴须顺阳，并未涉及日月之明与照临之义。

在六十四卦经文中并无直接讲说日月之明之处。但《易》象中却有，《离》卦就是。《象》传则从《易》象

中发掘此义加以引申，并结合人事发挥议论。《坎》
《离》为伴侣，但《坎》卦《彖》传却只谈水谈险及处
险之道，而未涉及日月之明。何以如此？也许在孔子看
来，从"习坎"之水象中引出险义自然合理，而引出月
明则过于穿凿吧。《离》卦的《彖》传是：

"《离》，丽也。日月丽乎天，百谷草木丽乎土。重
明以丽乎正，乃化成天下。柔丽乎中正，故亨"。

对这段话，王弼的注释是，"丽犹著也。各得其著
之宜。"简明扼要，十分恰当。古文离字为多义词，有
分合二义，此处释为丽，丽即附著之义。《离》卦的卦
象是上下二卦皆为《离》，一阴附著于二阳之间，象征
火，火为明，两火相继，即两明相继，是为重明。重明
象征高挂于天上的日月，白天日明，夜里月明，二明相
继，以重明照临人间。同时，百谷草木则附著于土地而
生长，万物亦皆有所附著，而各得其宜。但《离》卦卦
象启示人们，不但明以继明，而且阴附于阳，阴顺乎
阳。二爻为阴，其位中而且正，五爻亦得中。虽阴居阳
位为不正，但《易》道中贵于正，无中不正。正因为
"柔（阴爻）丽乎中正"——柔顺而居于中正之位，故

而亨通。所谓重明，是说日与月在中正的正常运行中照临四方，万物赖以生长发育，天下得以文明。上下皆明，故曰重明。

《离》卦一面反映日月重明的天道，一面又反映出圣人自天道悟出的"继明"治世的人道。《象》辞所谓"明两作，大人以继明照于四方"，即是这样。大意是：从两明相继而来的卦象中，君临天下的圣人悟出，治世之道为日月相继，明而继之以明，以明明之德惠及人间，前后皆明，是为继明。

细看《离》卦卦象与《彖》《象》辞，可以看出，所谓"夫大人者与日月合其明"的涵义，大体如此。《礼记·大学》所说"在明明德""明明德于天下"等，大约来源于此。

附带说一下，《周易大传新注》认为"有德无位为大人，即大德大才之人"，恐是误解。不但于全经中许多大人之义不合（详见前文），仅就《离》卦《象》传来看，也很清楚，有德无位的贤者（如颜渊），自无由照临四方而化成天下。必须有其位而丽乎中正者，始可言此。另外，该书又袭用来之德说，以为"《离》卦卦体，上《离》下《离》，《离》为日，是太阳今天升起，明天又升起，继续不断，永远如此。"把重明看作重日，而不取《离》为火、为明之义，且置"日月丽乎天"及"继明照四方"之明文于不顾，恐有失孔传原意。孔传原意很清楚，自然是《乾》九五大人与"日月合其德"的观念的延长。解《离》卦时应与《乾》卦前后照应，否则易陷于一偏。

日月高悬太空，照亮人间，其象犹如悬卦于天间，宇宙万有，俱在其光辉照临之下，繁荣生长。吉凶善恶，也无所隐匿。此种形象，在周易中构成《火天大有》卦。象辞说："火在天上，大有，君子以遏恶扬善，顺天休命。"孔子由此卦象中悟出，君子应如火在天上，生育万物，洞见善恶，并止恶扬善，扶阳抑阴，从而顺应上天的美命。司马光说得好："火在天上，明之至也。至则善恶无所遗矣。善则举之，恶则抑之，上之职也。明而能健，庆赏刑威得其当，然后能并有四方，所以顺天休命也。"（《温公易说》）

天上之明，无过于日月，日月之明，犹如火在天上。从《大有》卦的象义可以体会到，"与日月合其明"者，其意义不仅如上述阳阴交替，照临人间，生育化成万物，以明德治国，惠及众庶，而且善恶分明，赏罚得当，能以"明而能健"的德性，治理天下。

"明而能健"的德性多表现于赏罚。在周易《大象》中，论及断狱之卦凡四：《火雷噬嗑》《山火贲》《雷火丰》和《火山旅》，每一卦的卦体中都含有火。何以如此？显然火之态为明，光明辉眼是火的特征。断狱的基本条件是"明"，即看清案情的原貌，在"明"的基础上断案，才能断得正确，否则不明不白必成为冤假错案。故而《象》传以火喻明，以明为断狱之必的体会很有道理。治国之道不仅断狱如此，其他是非赏罚等莫不如此，如能作到明如日月与日月合其明，则国泰民安的功业，自可期其必成。

"与四时合其序"的涵义

《系辞上》说："法象莫大乎天地，变通莫大乎四时"（十一章）。孔子认为，"尊法天卑法地"，"与日月合其明"之后，继而效法的便应是天地日月运行而生出的四季。在天上地下，趋时而变（《系辞》"变通者趣时者也"）的事物中最大的乃是一年四季的变化。人向大自然学习，必须"广大配天地，变通配四时"（《系辞上》六章）。如天地之广大，如四时之变通。变通的内涵是，阳变而通乎阴，阴变而通乎阳，老阳老阴变化往来，轮转不已，酿成"寒往则暑来，暑往则寒来，寒暑相推而岁成焉"（《系辞下》五章）。亦即天地日月之阴阳变化，造成春夏秋冬四季的有秩有序的互变五通。《乾》《坤》所秉的元亨利贞四德，即与人间的春夏秋冬四季相应。春之元始，配仁；夏之嘉会，配礼；秋之利物，配义；冬之贞固，配智。学者从四季中学习仁、礼、义、智，从而进德修业。同时因应四时之变，春种夏耘，秋收冬藏，有秩有序，不失其时，以增进农业生产，更是众庶、君子、尤其是在位的大人，必须重视策画的生计大道。故此，"与四时合其序"，不仅在精神修养的进益上十分重要，尤其在物质生产的指导上具有极大的价值。但这还只是就狭义而言，如扩大眼界，就其广义而言，则所谓"与四时合其序"者，还有更深邃的内涵。这方面，周易本身和孔传都有具体而明显的表达。孙星衍《周易集解》引庄氏认为"若赏以春夏，刑以秋冬之类也"，《周易正义》亦袭用此说。此说以刑赏之合乎时节解释在位的大人"与四时合其序"，有一定的历史依据，但内容贫乏，又未抓住要点。实际上，四时之序的问题，孔传已讲得十分清楚。天地日月之运行，能够形成四时的秩序，就《易》蕴来看，有两个必要条件。一是节、一是革。前者见于《节》卦，后者见于《革》卦。

《节》卦《彖》辞说："天地节而四时成，节以制度，不伤财，不害民。"

节字本义是"竹约"（《说文》），竹子分为一段一段，是为节，衍义为有限而止之意。事物分段落，就是分节。在天地运行中，气候形成段落，即形成季节，于是春夏秋冬四季得以形成。《周易正义》解释说："天地以气序为节，使寒暑往来，各以其序，则四时之功成也。王者以制度为节，使用之有道，役之有时，则不伤财，不害民也。"把孔传大意讲得很明白。

进一步思考一下便会明白，天地之气候倘无节制，冬寒当止不止，夏热当至不至，生存环境无节奏无秩序，则人间万事万物何得生、长、收、藏？所以，天地运行必须有节，有节而后才能有排列次序，形成循环不已的生长链条，这才是正常的天地运行之道。大人的进德修业，也必须仿此而行。建立各项制度，以节制各项工作，造成正常的工作秩序，如同四季之运行有序一样，始可利国利民。节，是四时之序形成的首要条件，也是与四时合其序的首要条件。

四时之序形成的第二个必要条件是革。只有节制而无革新，便不会生出新段落，无新段落，当然就不会形成运行的前后次序。就气候来说，春革成夏，夏革成秋，秋革成冬，冬革成春，春、夏、秋、冬，有节有革，自然形成正常合理的秩序。就这个意义来说，无革也便无节，无序。因此，《革》卦说："天地革而四时成，"表明天地形成四季，必经变革。变革是万物新陈代谢、生生不已的普遍法则，无变革也便无有推陈出新；新旧不交替，也便不能形成新秩序。所以孔子赞叹说："革之时大矣哉！"天道如此，人道何尝不然。孔子由此悟出，"汤武革命，顺乎天而应乎人。"季节的革新是自然界生存发展的必然规律，为政者应该效仿这一规律，致力于人间的变革。政权的变革属于"与四时合其序"的顺天应人的必然规律。

由上述可见，大人"与四时合其序"的内涵，绝不只是传统《易》学所说的治国的局部手段"赏罚的季节"之类，更重要的在于，治国平天下的大政方针，必须要有革新、有节度、有秩序，合乎人道，如同四季之轮变有序，合乎天道一样，这才是"与四时合其序"这一命题的本质意义。

何谓鬼神　如何与鬼神合其吉凶

关于"与鬼神合其吉凶"这一命题，其本质含义如何，须先以说者的思想为探索的起点。《论语》记载，孔子不谈怪、力、乱、神，重人事而罕言"性与天道"，是入世的伦理大师。对"六合之外"的所谓鬼神之事，抱着存而不论的态度，"知之为知之，不知为不知"。基于此，可知《文言》所说的鬼神，绝非超现实的主宰。这一点《易》家旧解亦多认同。主要有下列几种解释：

孙星衍《周易集解》引荀爽曰"神为天，鬼为地也。"以天地为解，亦即以阴阳为解，并非殷人传下来的仿人的神鬼观念。同书引虞翻之注大意相同。虞曰"谓《乾》神合吉，《坤》鬼合凶。"这一解说，是"与天地合其德"这一根本观念的推衍，《乾》神吉《坤》鬼凶。大人既然能与《乾》《坤》合德，自然就能与鬼神合吉凶。此解虽有象数意味，并未讲出吉凶含义，但仍是以阴阳之变讲鬼神，而非以俗念讲鬼神。

其次是福善祸淫说。同书引庄氏曰："若福善祸淫也。"其案语曰："祸淫福善，叶鬼神之吉凶"，《周易正义》亦持此说。来之德解释说："祸福无私之谓吉凶……合吉凶者福善祸淫也"（《易经集注》）。此说之意，颇类似俗所谓善有善报，恶有恶报，善报为福，恶报为祸，皆自作自受，长久而自然形成者。《坤·象》所谓"积善之家必有余庆，积不善之家必有余殃。"庆为福，殃为祸，系天地自然的法则，非私意所可转移。但这和汉代以后传入中国的佛教思想的因果报应论，却迥乎不同。面对此种人间动态，执政的大人应持什么态度？陈梦雷解得好，他说"与鬼神合其吉凶"的意思是:"遏扬彰瘅,合乎鬼神之富善祸淫"亦即《尚书·毕命》所说"彰善瘅恶"之意。大人如能做到赏善罚恶,使善归于吉,恶归于凶,而无私心,就符合天阳地阴,天神地鬼的运行规律,顺天应人,无往而不利。此之谓"与鬼神合其吉凶"。

再次是造化说,程颐持之。程说:"天地者道也,鬼神者造化之迹也。"古词"造化"的意思是创造化育,自然成物。《淮南子·精神训》"伟哉,造化者!"注曰"谓天也。"同书《本经》"与造化者相雌雄",注曰:"天地也。"同书《览冥》"怀万物而友造化"注曰"阴阳也。"其注释将造化解作天地阴阳创造并化育万物。如此,则程传之意大约是,鬼神乃是天地造化万物而运作的"影子"。与荀、虞之说基本相同而稍显具体。其实,无非是《系辞》所谓《乾》始《坤》成,阴阳变化,生育万物的玄妙功能,谓之鬼神。有善有恶谓之吉凶,不过是这一学说的变相表达而已。总之,此说认为大人者,能作到顺应造化之迹所显现的吉凶,从而修德进业,平治天下;绝不以私欲另造吉凶祸福而违背自然。张载所说的"酬酢不倚则鬼神合其吉凶",意思也

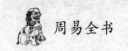

大同小异（韩康伯说："酬酢，犹应对也"）。

最后是来之德的兼并观点，来氏一面说："天地者造化之主，日月者造化之精，四时者造化之功，鬼神者造化之灵"，以造化说作解；另一方面又说："复载无私之谓德，照临无私之谓明，生息无私之谓序，祸福无私之谓吉凶……合吉凶者福善祸淫也"（《易经集注》），又以祸福说作解，并两说为一。并无新意。

另外，还有"气"说。吴澄在《易纂言》中说："日月、四时、鬼神皆天地之气所为，气之有象而照临者为日月，气之循序而运行者为四时，气之往来屈伸而生成万物者为鬼神，名虽殊，其实一也。"

他以气和气的屈伸往来解释鬼神，这是把《系辞》的屈伸往来说与后代的气为宇宙本质说结合而作出的注释，与《易》义和孔说大体接近，如将气解为阴阳，则与《系辞》完全一致。

最后还有陈梦雷的浅释，值得一提。他说："天地者，道之原。大人无私，以道为体，则合于《易》简之德矣。天地之有象，而照临者为日月，循序而运行者为四时，屈伸住来生成万物者为鬼神，名虽殊，道则一也"(《周易浅述》)。显然，他是采用程氏的道说，去其造化说，而以孔子的屈伸往来说代之，作为自己的浅释。实际上，深入想想，上述天地、阴阳、造化、气、道等说法，本质上无非是孔子所说的一阴一阳之谓道，名虽殊，其实一也。也可以说，诸说都是以孔说为基础而衍申出来的。

为此，回过头来还须探索一下《系辞》对此问题的原始观点。

周易本文无神字，有二鬼字（《既济》九三"高宗伐鬼方"及《睽》上九"载鬼一车"）前为地名，后为外貌的形容，俱与哲理无关。《系辞》中神字三十三个，鬼字一个，神鬼连用二处。弄清鬼神连用之处，就可了解在孔子思想中《易》传的鬼神是指何而言。《系辞上》说：精气为物，游魂为变，是故知鬼神之情状"。（四章）

对此，古人咸以哲理加以解释。如孙星衍《周易集解》引郑康成说："游魂谓之鬼，物终所归；精气谓之神，物生所信（伸）也。……其状与春夏生物，秋冬终物相似。"以伸释神，以归释鬼；是伸归（屈）说。韩

康伯则扣紧原文解释说：

"精气烟煴，聚而成物。聚极则散，游魂为变也。游魂，言其游散也。尽聚散之理，则能知变化之道。"他以精气之聚散解释神鬼，聚则为物为神，散而游则为鬼：这是聚散说。孔颖达《周易正义》对此阐释说：

"精气为物者，谓阴阳精灵之气，氤氲积聚而为万物也。游魂为变者，物既积聚，极则分散，将散之时，浮游精魂，去离物形，而为改变，则生变为死，成变为败。……但极聚散之理，则知鬼神之情状也，言圣人以《易》之理而能然也。"把原文涵义讲得明明白白。

程颐《伊川杂录》也谈到这一问题：

"问：《易》言鬼神情状，果有情状否？曰：有之。又问：既有情状，必有鬼神矣。曰：《易》谈鬼神，便是造化也。"程氏认为，鬼神即天地造化之迹，上文已详，不再赘述。郭雍《家传易说》则曰：

"鬼神之情状虽极幽隐，不过于人物聚散而已。"也袭用精气聚散说讲神鬼。

张载《横渠易说》于此有细解，他说：

"精气为物，游魂为变：精气者自无而有，游魂者自有而无。自无而有，神之状也，自有而无，鬼之状也。大意不越有无而已。物虽是实，本自虚来，故谓之神。变是用虚，本缘实得，故谓之鬼。"以从无到有，从有到无的道家之有无说来作解，实质上与上引聚散生死之论，并无二致。

来之德《易经集注》的解释是：

"阴精阳气，聚而成物，则自无而向于有，乃阴之变阳，神之伸也。魂游魄降，散而为变，则自有而向于无，乃阳之变阴，鬼之归也。"

他继承聚散有无说，又加上阴阳伸归二义用以解释鬼神之情状。

陈梦雷《周易浅释》说：

"神者伸也。……鬼者归也，亦渐归于渐灭而已。""人生谓之神，死谓之鬼。"以伸归生死释神鬼，也是重复归说。神字又音申，原可表示伸长之义，死字有归义。人死为归，而"人所归为鬼"（《说文》），"人死曰鬼"（《礼记·祭法》），"众生必死，死必归土，此之为鬼"（《礼记·祭义》）。以伸、归释鬼神，也属古义。

除"鬼神之情状"有如上诸种解说外。单就神字来

讲，《系辞》还另有涵义，最著名的命题是"阴阳不测之谓神"。

对此，韩康伯的注解深得要领，他说：

"神也者，变化之极，妙万物而为言，不可以形诘者也。……不知其所以然，而况之神矣。"

这是说，事物的千变万化，莫可测知为神，神是形容词，不知其变化之故，故以神字形容之。犹如成语"料事如神"之神一样，并无超现实的神秘性。

这样综合看来，《系辞》所谓鬼神者，既有精气聚散、伸归、生死、造化之迹等义，又有变化莫测之义，用陈梦雷的话来说，无非是"阴阳二气聚而为神，……散而为鬼，离合聚散往来于天地间，……阴阳变化而不可穷诘"，谓之鬼神，他这番话，是把《系辞》的精气聚散说和变化莫测说综合到一起的论述，大体符合孔传的本义。此外，《系辞上》当中还有一处鬼神连用的话即："此所以成变化而行鬼神也"，是讲述筮数起卦的妙用，也是莫测高深之意，与人格化的鬼神无关，《系辞下》中"所谓"鬼谋"（十二章），是指谋于占筮，也含有幽深难明之意，也非世俗所说的鬼。

孔传的鬼神之义，大致如此。

然则，大人"与鬼神合其德"又是怎么一回事呢？这一点，细读《系辞》，也会从中找到答案。《系辞上》说："一阴一阳之谓道"，"阴阳不测之谓神。"（五章）

意为阴阳之相反相成是宇宙的普遍法则，而阴阳的微妙变化令人莫测，是为神。（神鬼一体，神为阳为主，鬼为阴为辅，都是变幻莫测之义。）

在人之中，有所谓圣人，能力超众，可以把握阴阳变化的规律，是为大人。孔子认为这种"知变化之道者，其知神之所为乎"（《系辞上》九章）!? 意为了解神之所为，就是了解阴阳变化的趋势，使不测之神成为可知之几微。所以，《系辞上》又说："神以知来，智以藏往"（十一章），虽指《易》筮之妙用而言，实亦可用指人事。把过去的经验教训铸为智慧，深知变化趋势，从而测知未来，这也就是"精义入神，以致用也"（《系辞下》五章）的意思。孔子认为，"穷神知化，德之盛也"（《系辞下》五章）。亦即能尽知事物变化的法则，是为德的高峰，当然便可"与鬼神合其吉凶"。至于何谓"吉凶"，在《易》理来说，不过是"言乎其失

亚圣孟子像，图选自明·吕维祺编《圣贤像赞》。孟子与孔子同为著名儒家思想家。孟子（包括孔子）极重视"时"的思想，孟子说孔子是"圣之时者也"。这与《周易》中的"时"的意思大致相同，都是强调随机应变，立身行事不可死守规律，在变通中求得中道

得也"（《系辞上》三章），得为吉，失为凶。而导致吉凶的法则是："吉凶以情迁"（《系辞下》十二章），意为"吉凶无定，唯人所动，情顺乘理以之，吉；情逆违道以蹈，凶"（韩康伯注）。就是说，顺乎情合乎理的行为，趋于吉，逆乎情违于道的行为导致凶。或吉或凶，或得或失，关键在于合理或不合理。既然居于德之高峰的大人能穷神知化，当然其行为便合情合理。而合情合理，自可趋吉避凶。

总起来说，在孔子的理想中，德高位尊的大

人，能做到穷神知化，顺天应人，从而在治世修业上，合情合理，福善祸淫，趋吉避凶。这就是"夫大人者与鬼神合其吉凶"的全部含义。

类似的大人物，在历史上不乏其例。

汤武革命，顺乎天而应乎人，合情合理，似有神助，结果为吉。

武王伐纣，进军孟津，以时机未熟，暂时退兵，以观动静。"知进退存亡而不失其正"（《文言》），终获胜利。这是知变化之道，以退为进，故而结果大吉。

孔明知阴阳变化之道，未出茅庐而预知天下强弱必演变为三分，真有神鬼不测之机智，故而如愿以偿。

仅从以上几例，即可看清，为政者倘能深谙阴阳变化之理，顺天应人，"与鬼神合其吉凶"，则必胜无疑。

先天后天，运用自如

剩下的问题就是"先天而天不违，后天而奉无时"了

在注释前句时，孙星衍《周易集解》引崔憬曰：

"行人事合天心也"。又引庄氏曰:"若在天时之先行事,天乃在后。不违,是天合大人也。"注释后句时,引崔憬曰:"布政圣政也。"又引庄氏曰:"若在天时之后行事,能奉顺上天,是大人合天也。"

其中的"行人事合天心也",恰中要害,可谓一语道破天机。不仅适用于解释先天后天问题,《文言》这一全段也离不开这一中心。

但这里存在两个疑问:一是开宗明义处说的是与天地合其德,结尾却只说天而不说地。二是所谓先天后天的天,是指何而言。关于前一疑问,可以这样回答:天地即《乾》《坤》,天为主而地顺之,以天代表天地,并无不可。开头说大人与天地合其德,是要全面表达天健地顺等德性,不宜以天为代表。后面的天,当然是天地的代表、首脑,实际已包含顺天而行的地在内,语气上更简洁有力。至于先天后天的所谓天,并不是殷代统治宇宙的天帝之意,也不是周初人们思想中"天命靡常"的带有人格意味的天。就整个周易《易》传来看,"天"字凡197个,是出现频率最多的概念,意义可分为五种:以《说卦传》所称《乾》为天,以天为《乾》

的取象素材；（二）以天为《尚书·尧典》所说"钦若昊天"（以太阳为主体之大天），如《乾》卦九五爻之"飞龙在天"，《系辞》之"尊效天"，《文言传》之"天玄而地黄，等等；（三）指与人相对的自然社会与历史的大势，如《大有》卦《象》传之"顺天休命"，《无妄》卦《象》传之"天命不佑"，《萃》卦《象》传之"顺天命也"等等；（四）指一卦之上爻，如《大有》卦上九"自天佑之，"《大畜》上九："何天之衢，《明夷》上六"初登于天"，"《中孚》上九""翰音登于天"，等等；（五）指一种肉刑，如《睽》卦六三"其人天且劓"，天是割鼻之肉刑。所有天字，都不表示天神。孔子在《系辞上》五章里有一段话，使我们对天及天佑这类哲理意义的天字，能正确理解。

"《易》曰：自天佑之，吉无不利。子曰：佑者助也，天之所助者顺也。人之所助者信也。履信思乎顺，又以尚贤也。是以自天佑之，吉无不利。"

这段话虽是对《大有》上九爻辞的解释，但爻辞是表达人事的，解释也离不开人事。所以顺字阐明天人合一的道理，正是上述"行人事合天心"的表述。天的概念表达得最鲜明是《革》卦的《象》传"顺乎天而应乎人",革命之顺天应人的天,当然不是指天帝天神,而是指与人相应的客观力量,具体说,也就是俨然存在的大自然、社会与历史潮流汇合成的合乎规律的不可抗拒的积极的客观大势,顺者昌,逆者亡。它与神秘的超现实的带有感情和幻想作用的主宰,毫无共同之处。这就是"先天而天弗违,后天而奉天时"中的天字意义。

先天,是在天之前,即在客观形势的发展尚未到来之前。此时,预见形势到来之朕兆而采取行动,推动形势的发展,这就叫作先天而行事。反过来的"后天",是在天之后,即客观形势已经到来,适应形势(奉天时)而推动形势前进,这叫作后天而行事。先天行事而符合天势,所以天势与己身努力并不违拗,谓之"先天而天弗违"。客观形势业已到来,自己承应形势,顺势行动,与天势的发展,正相适应,谓之"后天而奉天时。"

这里出现一个问题:奉天时的时字应作何解。《周易全解》释之为"时势",似不妥当,因为先后天的天字,已经具有时势之义,无须赘以时字。天时应是两个词，即天之时，而不是一个词。把它视为"天时、地利、人和"之天时，就这段话的全文来看，显然与原意不融洽。至于《周易译注》，则把天解作"天象"，把"先天"解作"……自然界尚未出现变化时，豫先采取必要的措施"，把"后天"解作"……自然界出现变化之后，及时采取适当的措施"。又把天时视为一个词，说它是"指大自然的阴晴寒暑等变化规律。"这样以自然界的气象变化和人所采取的事先事后的措施，来解释这里的天人关系，显然大大缩小了天字的意义，歪曲了时字的含义。

如上所述，这里的天实际是指天道，即指按规律运行的客观形势而言。那么，奉天时的时字在此处是什么意思呢？想弄清这一点，还得取之于周易。"时"为《易》蕴之重要概念，孔子（包括孟子）极重视"时"的思想，《易》传中出现 57 次。《系辞下》云："变通者趣时者也"（首章），意思是随机应变。王弼说："卦者时也，爻者适时之变者也"（《周易略例》），是说卦是表现一种情境，爻则随情境之变而变。《艮》卦《象》辞说的明白："时止则止，时行则行，动静不失其时，其道光时。"就是说，时机适于止则止，适于行则行，或动或静合乎时宜，则《艮》止之道是光明的。孟子认为孔子是"圣之时者也"，意思相同。都是说，立身行事不可死守旧规，要随时应变，在变通中求得中道。用今天的话来说，"时"就是具体情况，辩证法所谓一切以时间、地点、条件为转移，可以说成以"时"为转移。俗语说："看情况办事。"就是依"时"办事之意。为此，"时"字可以解作时机、时宜。所以，后天而奉天时这句话，应该解作：客观大势形成之后再采取行动，其行动也是顺应客观大势的时宜，恰到好处。

举例来说，前者如燧人氏发明钻木取火，是客观上前所未有的。发明出现之后，与客观需要完全一致，这岂非"先天而天弗违"？凡人类正常的发明创造，出现之后为举世所欢迎的，都属于这一类。在政治方面，例如孔明未出茅庐而测定天下三分，先于客观形势而拟定的大政方针，实行之后，正符合客观形势的发展而不违背，也正是"先天而天弗违"。

"后天而奉天时"的事例，也比比皆是。殷纣暴政，天怒人怨，形成火山将要爆发的客观形势。武王忍无可忍，奋起抗争，虽是为形势所迫，也正是大势所趋，他因应并顺从形势发展，在孟津又暂时以退为进，把握时机，终于取得胜利。又如袁世凯复辟称帝，蔡锷等志士发动讨袁，虽后于形势的到来，但因为本质上顺应历史潮流发展的时宜，符合天心人愿，故而一举获胜。

结束语

对文言中关于大人的定义这一段，作了如上探索之后，首先感到的是，《易》学史上一些传统的权威性解释，都不能令人满意。王弼《易》注，对此一字不提，不在话下。荀爽、虞翻、庄氏等人的小注，或偏于象数，或言之过简，管中窥豹，只见一斑。大名鼎鼎的程注，也只以一个道字，解释大人的人天合一，结论正确，但未免过于笼统。朱熹把道字换成理字，也语焉不详。总之，历代易家均未能对孔子这段话作出具体详尽的解释，都未能阐发其奥义。尤其令人遗憾的是，未能就《文言》乃是孔子学《易》的心得与体会这一点，未能就孔子以《易》解《易》，乃至以《易》发《易》，

进而达到以孔解《易》的哲学高度这一要点，进行论述。有鉴于此，笔者试从《易》学体系的高度和孔《易》思想融合的深处，作了如上一些阐释。

同时，笔者由此联想到孔子所创始的儒家思想的来源。孔子自称"述而不作"，可能是"信而好古"《论语·述而》的表示，也可能对述、作的字义另有他解。但实际上，删《诗》《书》定《礼》《乐》作《春秋》乃至赞《易》等活动，虽有旧章为基础，但在体系上文辞上内容上均有创新，蔚然成家，成为先秦时代的显学，这种采花酿蜜的精神与本领，令人仰止。举例言之，仁孝的思想源于尚书，兴观群怨，温柔敦厚的思想，源于诗经，无为"而治（《论语·卫灵公》）的思想源于老聃，礼的思想源于周礼，等等，而孔子思想中的主体成分，即其哲学部分——宇宙观、社会观，人生观等核心部分以及中庸的思想方法等，则无疑是由周易脱胎而来。本文所述的法天效地思想，与日月合其明，与鬼神合其吉凶，与四时合其序，先天后天与天合拍的思想，亦即天人合一的思想，就是孔子学《易》之后写《乾》卦心得《文言》时，从周易中获得的思想升华。

关于孔子思想与周易的关系，容后再谈，本文到此结束。最后，还想再提个问题：孔子理想中的所谓大人，其典范究竟是什么模样？是什么样的人物？

《易经今译》作了如下的解释："……《庄子》在"逍遥游"篇中，描述藐姑射山的仙人，乘云驾驭飞龙，邀游在四海以外，就能使天下万物和谐，五谷丰收。这一仙人的形象，也与'大人'相似。"

如此将孔子理想中的大人与庄子理想中的仙人相比，认为近似，这难免泾渭不清、风马牛相混之嫌。道理很简单，孔子属于儒家，其天人合一的思想是入世的，是讲天道以明人事的入世主义。而庄子则属于道家，其天人合一的思想是出世的，是疾人事而向天道的浪漫主义。大人是圣明的人物，仙人则是超凡的构思，两者的性质根本不同。至于孔子理想中的大人，具体面貌如何，笔者认为，可以从孔子思想的专集《论语》中找到答案，《论语》泰伯篇说："子曰：大哉，尧之为君也！巍巍乎，唯天为大！唯尧则之。荡荡乎，民无能名焉！巍巍乎，其有成功也！焕乎，其有文章！"这段话是对理想的先王帝尧至德的极度赞颂。大意可归纳为十六个字：帝尧法天，功德无量，万民争颂，文明显赫。其中的决定性思想，是"唯天为大，唯尧则之"。则者法也，唯有帝尧法天而治，才能获得如此成果。法天就是效法天之德，就是与天地合其德。唯其能与天地合其德，做到天人合一，先天后天，运用自如，故能成就伟大事业。基于此，可以说《易》传《文言》中所称颂的大人，其思想源于周易的《乾》卦；而孔子则联系史上的圣明帝王加以定义与称颂，构成他理想中的大人形象。

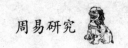

第十四篇 《易》卦的功能及《易》与蓍的关系

吉凶者得失之谓也

如同"观物说"那样，孔子在"太极说"的末尾，也谈到八卦的功能，即"八卦生吉凶，吉凶生大业。"（《系辞上》十一章）

在孔子的认识中，周易的所谓吉凶，与其他占卜不同。其他占卜的吉凶只限于占辞的狭义范围，周易的吉凶则以占辞面目而讲义理。在孔子看来，只要事物滋生，分出门类，利害便不同，难免产生纠葛，出现得失，得失就是吉凶。《系辞》伊始所说的"方以类聚，物以群分。吉凶生矣",即含有这层意义。这是得失的事理,是八卦所谓吉凶的现实基础。八卦所谓吉凶,是指阴阳二象相反相成而产生的得失。所谓"刚(阳)柔(阴)杂居而吉凶可见……。爱恶相攻而吉凶生"(《系辞十二章》),"刚柔相推而生变化,……吉凶者失得之象也,"(《系辞上》二章)等等,即指此而言。虞翻的解说是:"阳生则吉,阴生则凶。"李道平疏谓:"'阳生则吉'者,阳主息,故吉也。'阴生则凶'者,阴主消,故凶也"(《周易集解纂疏》)。便是以阴阳二象的本性与变化所产生的得失,对自然和人事作出的诠释。当然,这种得失是自然与人事的得失在卦象中的反映。依照这一视角来看,"八卦定吉凶"这句话,便可解为阴阳二象经四象而构成八卦(含六十四卦)之后,其卦爻象和变化就产生了反映万物间利弊得失的性能。这和上述"观物取象说"所谓八卦"通神明之德""类万物之情",意思相通,但内涵有所扩展,触及人间的利害关系。尤其是下文的"吉凶生大业",更进一步表示,人们一旦从卦爻象的变化中体会到阴阳之道所显示的吉凶之理,以为立身行事的指南,趋吉避凶,变通尽利，那便会成就光辉富有的伟大事业。这是从阴阳变化之道的客观作用这一层面，对《易》象八卦的功能所作的解释。

定吉凶与见吉凶

无需赘言，周易的确具有这样的功能，孔子在《系辞上》中曾就此反复加以强调。如说："夫《易》，开物成物，冒天下之道"（十一章），"圣人所以崇德而广业也"（七章），等等，不一而足。但是另一方面，"八卦定吉凶，吉凶生大业"这一论断的内涵，似乎不止于此，还有另一层面的意义。从辞以达意的角度察看，这个论断如只表现上述八卦的客观功能，则应说成"八卦见吉凶"，而不应该说成"八卦定吉凶"，"定"或"见"，一字之差，谬之千里。"见"只表示客观作用，"定"则表示本身的能力。换言之，"定"有方法论的意味，"见"只有表现论的意味。孔子终身谨于事而慎于言，从不随意用辞。此处不用"见"而用"定"，必有道理。看看下文，便见分晓。

"……法象莫大乎天地，变通莫大乎四时，悬象著明为天下利，莫大乎日月，崇高莫大乎富贵，备物致用，立成器以为天下利，莫大乎圣人，探赜索隐，钩深致远，以定天下之吉凶，成天下之亹亹者，莫大乎蓍龟。"（十一章）

这段话的内容很重要，译成今语如下：

能够效法的形象，最大的莫过于天地。变化而通达的事物，最大的莫过于四季。形象高悬而光明显著的，莫过于日月。人间崇高的事业，最大的莫过于帝王的富贵。备置实物供民使用，创制器具，便于天下人利用，功能最大的，莫过于在位的圣人。能从事物的幽昧之处探索深藏的事理，钩取深远的几微，从而判定天下万端的吉凶，促使天下人奋勉前进，最好的莫过于蓍龟。

据此下文来看上文，"八卦定吉凶"之意便昭然若揭。所谓定，是判定之意。也就是说，八卦（周易）具有依据本身阴阳变化的象数义理来予先判定事物前程的功能。但是，用什么方法求取卦情与爻变，据以判定吉凶呢？那就是蓍占的方法（易占用蓍不用龟。文末所谓蓍龟，只是为了垫音的行文需要），亦即《系辞上》九章所详细介绍的用蓍草求卦的方法。不经蓍草（或其他算具）的运算，便得不出具体的某卦，而不通过某卦的具体卦情，测问的吉凶便无法判定。不仅《易》占如此，任何占卜也都得如此。换言之，必须经过数→卦→测三个步骤，才能判定来事的吉凶。《系辞上》二一章所说的"蓍之德圆而神（运算时，蓍草变化无方，如圆球旋转莫测）。卦之德方以知（求出的卦，形体固定而蕴涵智理）。六爻之义，易以贡（一卦六爻，以刚柔变化告知所测的来事）"这三句话，清楚地表明了"八卦定吉凶"的具体过程。宋儒杨万里所说"以蓍之神，得卦之知（智），故六爻之义可推，吉凶之告可献矣。"即指此而言。

由上述情况来看，可知所谓八卦定吉凶并不是见吉凶。"见吉凶"可能表示客观作用，"定吉凶"则无疑是说八卦经占筮而判定来事的吉凶。但由此也可见，由阴阳二象推衍生成的八卦，一方面是表现宇宙的本质和规律的图形（通神明之德），和表现天下各类事物情态的缩影，具有这样的客观性能，这可谓"见吉凶"。另一方面，它又具有用于占卜的形式和功能，与揲筮的方

法结合后，又可据以预测来事，这可谓"定吉凶"。前者是表现必然性义理的哲学功能，后者则是以撰蓍的偶然性求取义理的必然性，从而测定吉凶的占卜功能。换言之，也可以说由阴阳、四象衍化而组成的《易》象，内蕴双重功能：表现事理和用以测事。八卦乃至六十四卦由阴阳、四象衍化而组成后，在尚未与占筮结合以前，它只表现出前一功能。只有当它与筮法结合以后，才表现出占筮功能。这一点，从上引孔子那段话里，可以清楚地看出。孔子生活于春秋时代，距离周易成书的年代，总比宋代的朱熹等要近的多，并且他讲话慎重而有分寸，所以他对阴阳八卦的形成和性质的论述，无论如何总比后代人可靠性大，可以作为探讨问题的主要依据。

蓍生《易》，还是《易》生蓍

依据孔子上述言论来看，显然阴阳二象并非来源于占卜的兆象，阴阳二象组成的八卦最初也不是用于占筮。虽然它含有用于占卜的可能性，但如不遇到筮法开

周易研究

发的条件，就不能由可能变成现实。但是，有的学者却持相反的看法，认为后世所说的"先有卦而后有蓍的说法"是不对的，根据是孔子《说卦》传的首章：

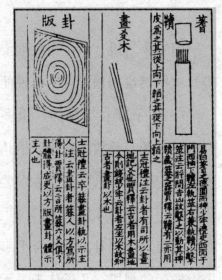

《筮具三图》，介绍了古代卜筮的工具。图出自聂崇义集注的《新定三礼图》

"昔圣人之作《易》也，幽赞于神明而生蓍，参天两地而倚数，观变于阴阳而立卦，发挥于刚柔而生爻。"

这些学者把这一章的内容解为，圣人首先创立用蓍草占卜的筮法，然后依照筮法，观察蓍草运算或或阴或阳的结果，而一爻一爻地画出了八卦。并且，依此断定蓍草的占法发明在前，八卦的形成在后，筮占的奇（天数）偶（地数）成为卦的阳（乾）阴（坤），蓍占的奇数偶数成为《易》卦的结果，记录下来便形成卦乃至

107

八卦。

但这个解说，不可避免地要碰到几个疑难问题。如避开这些疑难问题，这个解说便不能成立。

（一）孔子在《系辞》里多次反复强调《易》的阴阳八卦之源，是效天法地。他认为古圣仰观俯察，观物取象，"极深而研几"，立象尽意，经过两仪、四象的衍化过程，才以《乾》《坤》两卦为底蕴而逐渐演成八卦，乃至六十四卦。这既合乎事物发展的道理，也合乎思维发展的规律。孔子从未表示阴阳八卦源于占筮，只有朱熹、高亨等才持有这种观点。正因为这样，朱熹才主张经传有别，认为"到孔子，方始说从义理"，占筮才是《易》的本义。

（二）虽然上古人对"数"怀有神秘感，认为占筮所得奇偶是表示天地之数，但那毕竟只是量的概念，只反映万物量的侧面一点，和反映万物本质规律，涵盖宇宙一切的哲学范畴根本不同。奇偶概念如何上升而质变为阴阳范畴，难以解答。

（三）"昔者圣人之作易也"这句话，意思模糊。昔者指何时？圣人指谁？都未说清楚。如指伏羲，《系辞》中已经明说，此处不必含糊。可见未必指远古的伏羲，也许是指近古的文王。以孔子的慎言文风来说，可能它对蓍占何时产生，何时进入《易》境，也不了解，正如他对周易的作者是谁并不了解一样，只好模糊了之。尤其是这句话中的"作易也"三字，意思固然重要，但表达上仍是一片烟云。"作"的意思是创作。最初伏羲画阴阳二象，可谓之画或是作。

上述三个难题，都使蓍法生《易》之说难以作答，难以成立。下面再看看另一种解说。

对《说卦》传首章的另一种解说，从东晋《易》家干宝的言论中即可发现。干氏的注释认为，首章是表明圣人"始为天下生用蓍之法"（《周易集解篆疏》引语），是讲述蓍法创立和用以求卦的过程。但他的注释还不大清楚、具体。讲得最清楚而具体的是宋代哲人程大昌。他在《易原》中论述"设卦占卦之别"说："夫子之说卦也，曰：'圣人之作《易》也，幽赞于神明而生蓍，观变于阴阳而立卦，发挥于刚柔而生爻。'以若语而细抽其序，则蓍在卦前，变出蓍后，有类乎蓍能生《易》矣。故后人因用四策，而傅会以为四象也。特不

悟策之有数，盖其受之于《易》耳，而非能与《易》立则者也。夫子说《易》，而蓍先于卦者，正为扣蓍得卦者言之，非其追言伏羲作《易》之始也。"

这段话的大意是：若从首章的文字来看次序，蓍法的创立在前，卦变的出现在蓍法之后，似乎蓍法能生出《易》卦，以致后人把蓍法四营附会为两仪生四象的四象。这是因为不懂得蓍策的有数是从《易》卦吸收过来的，并不是蓍法能为《易》卦提供创立的准则。孔子讲《易》，把蓍法放在立卦之前，乃是对用蓍求卦的人说的，并不是追述伏羲始作《易》卦的情况。

清代学者陈梦雷的解说更干脆，他以结论式的语气说："伏羲非因有蓍而后画卦也，盖因生蓍而用之以求卦也。"（《周易浅述》）

作《易》与生蓍是否出自伏羲之手，是否出自一人之手。蓍法是否因《易》而生，是另外的问题，姑置不论。总而言之，上述两种相反的解法中，显然后一种蓍草求卦说，较为中肯，似应视为正解。因为，倘若孔子《说卦》传首章讲卦生于蓍，那么他在别处讲"观物取象""效天法地"以及太极生八卦等说，都不能成立，整个《系辞》乃至十翼的主体思想都站不住脚。这两种相反的解说，或此是而彼非，或彼是而此非，二者必居其一。当然，观物说和太极说是代表孔子对《易》源的真实观点。

由此可见，《说卦》传首章的内容是告诉人们，八卦是八卦，著法是著法。八卦与著法结合，才能求出测事的卦，不经著数的引导，就无法进入《易》象，求出相应的卦，就无法"定吉凶，生大业"。筮法是《易》卦显示占测功能的必要条件。文中所说的"参天两地而倚数，观变于阴阳而立卦，发挥于刚柔而生爻"，就是概述著法立卦的具体进程。亦即运用著草经过倚数、观变，依据著数表现出的刚柔而生爻。再依据爻卦的阴阳，从六十四卦中求出某一卦象。首章前四句的内容，就是这样。至于演化为四象、八卦的图象，也可谓之画或作。不过，问题在于"作《易》也"指什么时候，是画卦"之前"、"之际"，还是"之后"？《易经今译》把"作《易》也"译为"制作易经的意图"，当然不妥，但可见这三个字的意思非常含糊，不容易看清楚。但从下文"幽赞于神明而生著"（深入探求天地阴阳造

化的奥妙而创建了用蓍草占筮的方法）看来，"作
《易》也"大约是表示伏羲作成八卦之后，又发现了神
奇的蓍草，并据此发明了《易》占的方法。也可能是指
别的圣人创造了筮法，而由伏羲用于《易》占。前文说
过，世界上任何占卜，都在占经之外另有占法。占经是
本体，占法是导体，本体不能导入占卜，得由占法导
入。故此，圣人作了《易》卦，只是建立了占卜的依
据，要想占事知来，还必须另有导入的筮法。从事物产
生的顺序来看，一定是先有作为依据的本体，然后再导
入开门入室的方法，不管这方法的来源如何，先后顺序
必然如此。这个顺序绝不能颠倒，不能先有导入的方
法，后有依据的本体。尤其是本休产生于方法之类的观
点更是于理不合，说不通的。

占非《易》的本质功能

《说卦》传首章末两句是"和顺于道德而理于义，
穷理尽性以至于命"。意思是《易》卦能够配合、顺应
天人之际的道德法则，理顺人间的正义，穷尽事理，探
尽物性，以至通晓大自然赋予的命运。这是对《易》卦

创作宗旨及其功能的极度赞颂，较之《系辞》所说的通神明之德，类万物之情和定吉凶、生大业等功能，更深远更巨大。但揆诸事理，《易》要想发挥如此巨大而深远的功用，单凭蕴理的卦象是不够的。因为高度抽象的卦象，其腹中深处的奥义，除圣者之外，难以为一般人所了解。所以必须缀

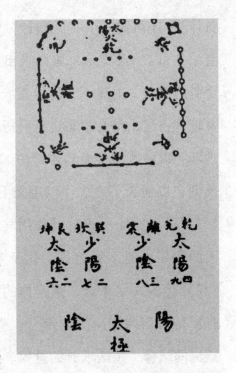

伏羲以河图作易图，选自宋·胡方平《易学启蒙通释》

以文辞（卦名、卦辞、爻辞），使一般人看得懂，才能达到定吉凶，生大业，顺道德，理仁义，穷理尽性以至天命的高度功效。孔子所谓"系辞焉而明吉凶"（《系辞上》二章）"辨吉凶者存乎辞"（同上第三章）等等，就含有这个意思。但《易》卦仅有象和辞还不够，还只是"方以知"（一个具有方正形体而内涵智慧的静止的

卦体），还需要一个"圆而神"的著法（圆变莫测的揲著法），以导入《易》体而求出具体的卦，才能抓住这个卦的卦象、卦序、卦辞、爻辞及其变化，再依据道德义理和占辞，结合事态进行分析，才能作出吉凶悔吝等占断，以预测来事而趋吉避凶。只有这样，《易》才能起到"以通天下之志，以定天下之业，以断天下之疑"（《系辞上》十一章）的作用。当然，周易并没有这么大的作用，但不管怎样，孔子对周易作用的想法，从《易》传的文字来看，是这样的。故此，可以说，《说卦》传首章内容应为两部分：头一部分是讲《易》与筮法的结合，筮法求卦的过程。第二部分是讲《易》象有了文辞和筮法之后，能发挥出如何巨大的功能。

《说卦》传第二章接着从《易》理上对卦象的结构意义及其发展作了说明。它说：

"昔者圣人之作《易》也，将以顺性命之理。是以立天之道曰阴与阳，立地之道曰柔与刚，立人之道曰仁与义。兼三才而两之，故《易》六画而成卦。分阴分阳，迭用柔刚，故《易》六位而成章。"

孔子认为，当初圣人作《易》的原则是，依顺天命

（大自然造化的必然形势）与物性（包括人性）的法则。所以每卦三画，自上而下象征天道、人道、地道。天道为阴阳之气，地道为刚柔之质，人道为仁义之德，是为三才。而三才俱是两两相对，于是把三画卦增加一倍，形成了六画卦。六画卦的六个爻，或为阴柔，或为阳刚，流动变换，"上下无常"。《易》的卦体，就是这样由原来的三画三位进一步变成了六画六位（初、三、五爻为阳位，二、四、六爻为阴位），形成现有的章法。（王弼所谓初、上无位，是解卦法，不是指卦的章法）

以上所述，便是孔子所叙述的周易阴阳八卦的作用、主要涵义、著占、功能以及卦体发展形成的大概情形。

综上所述，可以总结出下面几点：

第一点 孔子对阴阳八卦来源的看法，与朱熹、高亨等的占筮说不同。他以观物取象说和太极说从历史上和逻辑上论述了阴阳八卦的来源，合情合理。较之占筮说以类比和想象为据，要高明得多。

第二点 孔子对《易》的来源、发展与形成的论述，亦即从阴阳二象的产生及其经四象而发展为八卦，

再由三画卦发展成六画卦这一系列的论述，完全符合事物发展和思维发展从简到繁的自然规律。

但是有的现代学者却从筮占数术发展的考察研究中，得出了相反的论点，如《中国文化三百题》的占卜部分说：

"西周前后成书的《易经》，即蓍占专书。《易》经中的八卦：乾、坤、坎、离、震、艮、兑，用阴爻（--）阳爻（—）组成卦形，代表四组基本的对立事物，乃由原始筮占不断简化而成。蓍占是建立在古人对阴阳关系、天人关系的数学解释上的占筮。

这段话认为，易经是占卜术中蓍占专书，以数来解释阴阳关系和天人关系。同时，原始的筮占是复杂的，经过不断简化，才形成了八卦。但是，蓍占是否是以阴阳关系和天人关系作数学解释为主的占术，尤当别论，《易》却迥非如此。如上所述，它不是一般的筮书。对它来说，蓍占只是起卦之法，而非《易》的本质。《易》的本质是阴阳之道的哲理，"占"只是它的外形和功用，只是它的功效的一部分。说它原来就是蓍占，和朱、高的肤浅说法一样，是表面的认识。说它是由原始著占不断简化而成，更是联想大于实据。这种看法恐怕也是在考察近现代落后种族的著占之后，通过逻辑的类比而形成的。但这种不完全的古今类比，不仅可靠性很小，而且还有一个极大的漏洞，无法自圆其说，即：除周易外古今中外的其他各种各样的筮占（包括其它杂占），何以没有一个演变成冒天下之道的哲学？为什么？可见《易》之所以为《易》，之所以主体是哲学，那只能是它原来并非占术，不是由著占简化或繁化而来。

第三点　《易》先有阴阳八卦，而后引入筮法。《易》是仿天效地，和顺于道德而理于仁义，穷理尽性而作成的，不是摹仿蓍草演数，在占卜过程中画成的。

第四点　古圣人作《易》的目的是顺性命之理，不是简单的测事。其内容充满天道、地道、人道的义理。所以它与蓍法结合用于占筮后，其占事知来的方式和内容，也和其他单纯求神问事的占卜，如龟卜之类，大大不同。孔子说"《易》有圣人之道四：辞、变、象、占。"占卜测事只是其内容与作用的一小部分。而且，尤其特殊的一点是，由于《易》的内容以义理为主，并充满忧患意识和训戒思想，所以其占断也离不开义理，

而以义理为据。离开义理的占断，绝非周易的占断。也许因为这样，孔子虽也颂扬《易》占的功用，却不主张占卜。

综合这四点，可以作出如下结论：

《易》的阴阳八卦之象，不是源于占卜的数字记录或其他符号的记录，而是源于观物取象与逻辑概括，亦即源于上古圣人的哲理观察与哲理思维，其原始的八卦（三画卦）已经深藏渊奥的内涵。它以象征的形式描绘出一幅以天、地为本，由天地所生的水、火、风、雷、山、泽等自然现象及其属性为基础的宇宙框架及其涵有万事万物无限变化的基本构图。以后，三画卦重叠为六画卦，再衍化为六十四卦三百八十四卦，则是这个宇宙框架和万物生变之图顺理成章的推演。对于《易》这个所谓"先天之学"的本来体系，连主张《易》为占筮书的朱熹也赞叹说："……圣人作《易》根原，直截分明，……其先后多寡，既有次地，而位置分明……，方见六十四卦全是天理自然，挨排出来，……及至卦成之后，逆顺纵横，都成义理，千般万种，其妙无穷"（朱子大全《答袁仲机》）。显然，以天人之道的结构框架为基础而演化成的周易体系，虽以占筮的面目出现，实质上乃是一部特殊形式的宇宙人间的哲学。古往今来世界上任何占卜星相之术，全是就事测事，内容肤浅，结构单薄。龟卜就是个典型的例证，它风行于殷代几百年，只有灼龟观兆，求神问事一点内容，根本谈不到体现任何天人法则，与周易"冒天下之道"的广阔内涵和宏裁巨制的《易》象体系，无可伦比。双方不是小巫大巫之别，而是根本性质不同。龟卜如此，楼牌、神签之类的杂占，更不在话下。即此可见，《周易探源》作者李镜池所谓"周易是占筮书，与卜辞同类，向鬼神贞问是它的本义"云云，是错误的片面观点。同朱熹、高亨一样，都没有从周易形成的全过程及其主体内容和主要功能上抓住它的根本性质。

但是另一方面，也必须看到，原始的《易》象（阴阳八卦）体内已经蕴涵以占卜面貌用于测事的基因，所以发展到卦形完备并有了文辞之后，它才能够自然而然地接受蓍法，形成我国特有的以占卜形式寓理测事的哲理著作、伦理著作和辩证思维的图书。

第十五篇　周易的本性

前　言

中华书局出版的《周易集解纂疏》（清人李道平著）前言中有一段话："自清末以来，治周易者，十九在考证易经的作者及成书年代，或能注意秦汉以来的周易著述，而研究其内容者，日乏其人，故周易一书的哲理，已不为一般知识分子所理解。"话说得中肯而似含隐忧，读来令人感慨。笔者认为，这段话若加上一句"尤以近半世纪以来为甚"，似乎更为贴切。

对于周易的内涵，一般人（包括一般知识分子）并不清楚，只是人云亦云地认为那是算卦的书，既不重视，当也无意学习、探讨。这便使周易的研究局限在少数学者的书斋之中，而不能广泛流传，更谈不到对中国现代文化的发展作出贡献。在周易的学习与流传上，还有一个阻力，就是在改革开放以前，知识界和学术界存在一种无形的成见，以为易经属于唯心的玄学之类，不愿深入。这也使周易发挥义蕴以充实我国民族哲学的活动，受到阻碍。

为了破除这些俗气的或教条的障碍，以利于民族传统文化的发扬，有必要从根本上对周易一书的内涵进行探索分析，把它倒底是一本什么性质的书这一问题，提到书面上来试作探讨。

孔子的《易》占观

关于周易是一本什么书的问题，核心在于，从基本性质来说，周易是属于占筮书，还是属于哲理书。周易具有渊奥的义理，同时具有占筮的成分，这是众人的共识，并无争议。但两者哪一个占主要地位，哪一个是它的本质，却有不同的看法。

首先应该提出的人物是易道所谓"三圣"之一的孔

子。他深通《易》道，并对发扬《易》理，使周易哲学化，作出了史无前例的贡献。下面，我们看看他对周易的看法。

先看《论语》。《论语》是记载孔子言论的经典文献。在《论语》中，关于周易的言论记录不多，只有三条，为清楚计条列如下。

（1）"子曰：'加我数年，五十以学《易》，可以无大过矣。'"（《述而》）

（2）"子曰：南人有言曰：'人而无恒，不可以作巫医。'善夫！'不恒其德，或承之羞'。"（《子路》）

（3）"子曰：'不占而已矣'。"（《子路》）

第一条的意思是，对周易的"穷理尽性以至于命"的义理，极为信服，希望多活几年，深入学习，以便提高道德修养，达到不犯大过的地步。换言之，意思是如能把周易中的天人之道的义理学到手，以指导立身行事，就可以在进德修业上避免重大过错。

第二条是孔子引用周易《恒》卦九三爻辞"不恒其德，或承之羞"（不能常久坚持德行，会遭受羞辱），来说明为人守恒的重要性。

韦编三绝图。孔子晚年喜读《易经》，以至于使韦编（即穿竹简所用的皮条）多次断绝。他曾说："假我数年，五十以学《易》，可以无大道矣"

第三条上下文不明。何晏引郑解曰："《易》所以占吉凶。无恒之人，《易》所不占。"认为此条是承上文（第二条）义，针对无恒之人说的。这个看法显然不对，一是上举二、三条，句前皆冠以"子曰"，应是孔子的两次言论，由弟子所记。二是既说周易是占吉凶的，如何对问卦者有所选择？何以对无恒之人不予占筮？令人费解。其实，这句话并不难解。这是说孔子精研周易，通达其阴阳之理，也会占筮。但对使用占筮来预测人事，不大感兴趣。孔子之后的儒家大师孟子善言好辩，但从未谈过卜筮之类的事。先秦最后一个儒家学者荀子则明确地说："善为《易》者不占"（《荀子·大略》），只在文章中引用周易爻辞，以为义理佐证。在这一点上，孔子的态度与荀子大体相似，着重钻研易经的微言奥义，以用于学业与人事，而把其中的"鬼谋"（占筮），置于次要地位。也许孔子"不语怪、力、乱、神"的入世求实思想，使他对筮数之类，也象对鬼神一样，持敬而远之的态度，以致表露出"不占而已矣"的心情。

但是深通周易的孔子，对占筮术也是知之甚深的。这一点《易》传足以为证。至于实际上他是否当真"不占"，是否曾把占筮用于人事解疑，似乎很难断言。先秦正式文献当中并无孔子占筮的记载，类似《左传》、《国语》等书所载史官分析卦象爻辞那类文字，在孔子身上完全见不到。司马迁在《史记·孔子世家》中谈到孔子与周易的关系时，也只说他"晚而喜《易》""读《易》韦篇三绝"，并未言及他有无占筮行为。但这是正史的情况，在佚史中则有另种记载。如汉代学者刘向在《说宛》的反质篇中就讲过孔子占卦的事例。文曰："孔子卦得《贲》，喟然仰而叹息，意不平。子张进，举手而问曰：'师！闻《贲》者吉卦，而叹之乎？'孔子曰：'贲非正色也，是以叹之。……质有余者，不受饰也'"。大意为：孔子占筮，得到周易《贲》卦，贲是修饰之意。孔子认为经过修饰的，不是本色，颜色不正，所以表示不满而叹息。这个故事是否真实，无从判断，只可供参考。

另外，《易纬·中备》记载，孔子弟子商瞿，从孔子学《易》。年四十而无子，孔子为之占筮曰："'瞿当有丈夫子五人。'子贡曰：'何以知之？'子曰'卦遇《大畜》，艮之二世，九一甲寅，木为世，六五景子，水为应，阳爻五，应有五子'"。（张守第《史记正义》）

这个记载，也许以传说为依据。但即便有此传说，也是经过人为的加工。因为周易的占筮纳入干支五行，是汉代的事，与孔子的春秋时代相距好几百年。

不过，尽管是传说性质，不足为凭，但关于孔子曾经搞过《易》占，并善于《易》占的记载，对探讨孔子的《易》学和判断周易的性质来说，仍不能不加以注意。汉代思想家王充在《论衡·卜筮篇》中也曾讲到孔子占卦的事。他说："鲁将伐越，筮之，得'鼎折足'"（《鼎》卦九四爻辞），子贡占之，以为凶。何则？鼎而折足，行用足，故谓之凶。孔子占之，以为吉。曰：'越人水居，行用足，故谓之凶，行用舟，不用足，故谓之吉'。鲁伐越，果克之"。上述《说苑》反质篇所载，只及于孔子占卦和对卦义的感想，《论衡·卜筮篇》所记，则及于孔子对爻象的分析和占断。其情形类似《左传》《国语》所记太史对卦爻的某种解释。刘向和王充何所据而言此，无可考证，真伪虚实，无从分辨。不过由此也透露出一点消息：孔子不仅深通《易》道与《易》筮，同时也善于占筮，不过是轻易不占而已。

但值得注意的是，同是《论衡·卜筮篇》，却有性质相反的记载。文章一开始就介绍子路向孔子请教占卜问题，借以证明卜筮所谓蓍龟神灵的错误。文曰："子路问孔子曰：'猪肩羊膊，可以得兆，藋苇藁芼。可以得数，何必以蓍龟？'孔子曰：'不然，盖取其名也。夫蓍之为言耆也，龟之为言旧也。明狐疑之事，当问耆旧

也。'"王充据此得出结论说："由此言之，蓍不神，龟
不灵，盖取其名，未必有实也。"当然，这是王充的观
点，不能代表孔子的思想。但王充能借孔子的故事来证
明蓍龟并不神灵，也间接反映出孔子对蓍占虽在赞
《易》时加以称颂，但在实际生活中似乎并不那么积极、
认真地对待。

另外，还有一种说法，认为"不占而已矣"是孔子
对人而无恒的评论。意为人之无恒，周易已有定论"或
承之羞"，定论如斯，无需占问。这种说法，和孔子
《系辞》所说"夫《易》彰往察来而微显阐幽"的观点
是一致的，符合孔子的思想。不过如上所述，从记录孔
子言论的句法来看，冠以"子曰"的句子，都是另有所
论，并不承接前文的言论。所以，还是把"不占而已
矣"视为表达孔子对实行占筮持消极态度，较为合适。
这一点，孔子的《易》传中有明显的表露。

孔子的周易观

　　孔子的《易》传，旧说有十篇，号称十翼。十翼大部分记录孔子学《易》的心得与认识，《彖》传是对卦义的解释，包括自己的认识。大小《象》传是对卦象爻象的评注，包括自己的心得。《文言》传是对易卦的根基《乾》《坤》两卦的专章解说，包括自己的体会。《说卦》传在概论易理的同时，介绍八卦的拟物取象。《序卦》传阐明六十四卦排列顺序的意义。《杂卦》传以最简单的话扼要说明性质相反的各对卦的含义特征。十翼中最重要的是《系辞》，是孔子对周易的内容与形式所作的整体概论。在上下二十四章的长篇巨幅中，以天人合一、理用一如的观点，发掘并阐扬周易的生成、要点、性质、义理和功能。洋洋洒洒，文气酣畅，是总结并阐发《易》理的优秀的哲学论文，十翼的主要内容大体是这样。它十分具体地表现出孔子对周易（包括占筮）的全面观点。

　　《系辞》的基本精神，用一句话来说，就是"推天道以明人事"。它以乾（天）坤（地）为中心，阐发阴阳之道，并依据天人合一的原理，融哲理与伦理为一炉，建立起孔门易学。它的主要内容是讲义理，也讲筮数筮法，但筮数筮法部分不占主要地位，并且是从哲学角度进行介绍，虽不无神秘色彩，但也含有义理性质，和其他占卜书单讲数术的情况迥乎不同。其中没有占筮占验的卦例，也未对六十四卦的任何一卦，从占筮的角度作过分析，作过占断。最简明的例证，可看《大象》。《大象》的文辞，不是从占测吉凶的角度，联系卦义对卦象进行分析、占断，如《左传》《国语》等书中联系卦义对卦象分析、占断那样；而是从卦象的表现上有所领悟，然后联系政治伦理思想，讲出自己的心得。例如周易底蕴的《乾》《坤》两卦，《乾》的《象》辞是："天行健，君子以自强不息。"《坤》的《象》辞是："地势坤，君子以厚德载物。"自强不息和厚德载物，是最高尚的道德品质，成为中华民族精神的骨干。它不是经过揲蓍，从《乾》《坤》两卦的占筮中推算出来的，而是孔子从《乾》卦的天健之象和《坤》卦的地厚之象中"悟"出来的。其他象辞，亦复如斯。这里只有从

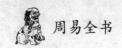

《乾》《坤》及于君子的天人合一义理，毫无神秘的占筮气息。《系辞》（乃至整个十翼）的主要思路大体如此。

下面，再举一个对比的例证。

孔子和朱熹都研究周易，但两人的基本观点却不一样。朱熹认为周易原本是"卜筮之书"，到孔子手里才阐发出许多道理，所以周易和《易》传是有区别的。可见，孔子的《易》传与朱熹的《易》传（《周易本义》），根本观点有所不同。对同一经文，二人的注释也自然有别。例如，对《乾》卦卦辞"元亨利贞"，二人的断句不同，解释也不同。

孔子依一般句读，断为"元、亨、利、贞。"注解说："元者，善之长也。亨者，嘉之会也。义者利之合也。贞者，事之干也。君子体仁，足以长人；嘉会，足以合礼；利物，足以和义；贞固，足以干事。君子行此四者，故曰：《乾》：元、亨、利、贞。"（《文言》）

朱熹的断句是："《乾》：元亨，利贞。"他的注释是，"元亨利贞，文王所系之辞，以断一卦之吉凶，所谓《彖》辞者也。元，大也；亨，通也；利，宜也；

序卦图，出自宋·佚名

《周易图》。孔子研究《易经》，作《序卦传》

贞，正而固也。文王以为《乾》道大通而至正，故于筮得此卦而六爻皆不变者，言其占当得大通，而必利在正固，然后可以保其终也。此圣人所以作《易》，教人卜筮，而可以开物成务之精意。余卦仿此。"（《周易本义》）

对比之下，孔子和朱熹的注释，都很明显：孔子只以推天道而明人事的义理，讲元亨利贞，不谈占筮。朱熹则反其道而行之，从占筮之道讲元亨利贞，旁及义理。由此足见，孔子虽也在《易》传中谈到占筮占数，

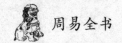

但在他的思想中周易的本质和精髓却在于天人之道的义理。

这一点，《系辞》的表现尤为清楚。

《系辞》总共二十四章，除第九章介绍揲蓍求卦的数理，第十一章的前半部分专讲占筮以外，其他篇章大部分是联系周易讲义理的。它以《乾》（天）《坤》（地）为中心，依据天人合一的原则，阐述了《易》的生成、根基、阴阳之道、功能、性质和主要内容，以及学《易》方法和进德修业的密切关系，等等。孔子认为，"《易》有圣人之道四：辞、变、象、占。"这是周易的四大内容。前三项是关于天人之道的义理，只有末项是占筮。这表明在孔子心目中，周易的主要内容是哲理，占筮是依附于哲理的，只占次要地位。

其次《系辞》讲周易，无论讲什么问题，都不是从占筮出发而联系人事，都是以天道为根基而归于人事。讲卦爻问题亦复如是。下面两段话，足以为证。

（一）《系辞上》开始便说：

"天尊地卑，《乾》《坤》定矣。卑高以陈，贵贱位矣。动静有常，刚柔断矣。方以类聚，物以群分，吉凶生矣。在天成象，在地成形，变化见矣。是故，刚柔相摩，八卦相荡，鼓之以雷霆，润之以风雨，日月运行，一寒一暑。《乾》道成男，《坤》道成女，《乾》知大始，《坤》作成物，《乾》以易知，《坤》以简能，易则易知，简则易从。易知则有亲，易从则有功。有亲则可久，有功则可大。可久则贤人之德，可大则贤人之业。易简而天下之理得矣。天下之理得，而成位乎其中矣。"

这段话开宗明义，以天地为准讲《乾》《坤》两卦，阐发出《乾》始《坤》成的功能和易简的原理，并联系人道，认为人应效法天地以增进德业。这是讲《易》卦，也是讲天讲人，以天人合一的关系讲周易。

（二）《系辞下》十章说：

"《易》之为书也，广大悉备。有天道焉，有人道焉，有地道焉。兼三才而两之，故六。六者非它也，三才之道也。"

这段话和《系辞上》所说的周易"弥纶天地之道"（四章）"冒天下之道"（十一章），大意相同，都是说周易内容极其广阔，无所不包。这表现在，卦中每两爻代表一才，三才遂成六爻。三才就是天地人。孔子就是

这样，依照周易的内蕴，以天地人的正常运动规律来分析卦爻的结构。

以上二例足以看出，《系辞》的主旨不是为了占筮而谈周易，它是通过周易的内容及其占筮形式而阐明天人合一的大道理，以利于进德修业。

（三）《系辞》对周易价值的极度赞颂，大大超过占筮的功能。

《系辞》对周易价值的占筮功能也作了赞颂，认为它虽无思无为，寂然不动，却"受命如响""遂知来物"，具有"至精"、"至变"、"至神"的作用，但同时对整个周易内蕴的哲学价值与伦理价值的反复赞颂，却远远超过占筮之上。如说周易"开物成务，冒天下之道……圣人以通天下之志，以定天下之业，以断天下之疑"（《系辞上》十一章）"……与天地相似，……知周乎万物而道济天下，……范围天地之化而不过，曲成万物而不遗"（四章），"一阴一阳之谓道，继之者善也，成之者性也"（五章）"夫《易》，广矣，大矣，以言乎远，则不御，以言乎迩，则静而止，以言乎天地之间，则备矣！"，"广大配天地，交通配四时，阴阳之义配日月，易简之善配至德。"（六章）如此等等，以天地造化和圣人德业的价值来描述周易的功能。显然，任何占卜，即便所谓占验如神，也不会超过测事的局限，也不具有这样贯通天地人的功能。只有集哲理伦理之大成的经典，如周易之整个象数文辞的内涵，才具有如此崇高的价值。

（四）《系辞》认为，《易》有衰世之意（《系辞下》六章），作者有忧患意识，并举出《履》《谦》《复》《恒》《损》《益》《困》《井》《巽》等九卦进行分析，以阐发其中的反躬修德的义理（七章）。同时，揭示出其内蕴的"惧以始终，其要无咎"这样的对处忧患的方针。如此修德警惕、敬慎补过的思想，与占卜的思想性质根本不同，众所周知，占卜的目的仅仅是为了预测神定的祸福，并不讲忧患、反省、警惕与修德补过。占卜的本性在于测知定命定数，与忧患意识无关。道理很明显，倘若反躬修己是对衰世的好办法，占卜之类就没有什么必要了。

（五）《系辞》认为，周易的"神以知来"，是在"知以藏往"（《系辞上》十一章）的基础上作出的，不全出于象数的占测，主要是由于"彰往而察来"（《系辞下》六章）的作用，和"前事不忘，后事之师"的作用相类似。

《周易·尚氏学》说："彰往，如先甲三日，先庚三日。察来，如履霜坚冰至，至于八月有凶是也。"正是这样，结合已有的经验、教训和知识，参考事物过去的情况，依据发展规律进行推算，就能作到预见未来。正因为这样，所以《系辞》又说了"知变化之道者，其知神之所为乎！"（上九章）"知几其神乎"（下五章）这样一些话。意思是，只要充分了解阴阳变化的规律，就可以知道"神"将做什么，善于察知事情发展的先兆，可谓神机妙算。显然，这是通过合理的推论来预见未来，是运用理性的活动进行预测，而不是凭借筮草的占算，极数知来。这样《系辞》一面称颂周易的灵占为"至神"（《系辞上》十章），"神以知来"（同上十一章），同时又盛赞精通《易》理、善察机微，从而预见未来的能力是"神"，是料事如神。这样占筮的神和论理的神同居一室，显得很不融洽。这也许由于孔子对周易及其占筮的看法，同他对鬼神的看法有些相似的原故。在《系辞》中孔子在推天道以明人事的前提下，对占筮时而赞颂，时而冷漠，使人难免有"瞻之在前。忽焉在后"的含糊感觉。明乎此，我们就可以体会到何以孔子一面称颂《易》占为至精至神，占事知来，一面又主张"不占而已矣"的奥秘所在了。

（六）最后还有一点需要特别提出的是，《系辞》（还有其他孔传）里没有一句直接断定周易为筮书的界说，而直接断言周易"冒天下之道"一类的话却出现好几处。可见在孔子眼中，至少周易是一部以讲哲学为主的筮书。与此相关，上举《系辞》那一段名言还得深入玩味。

"《易》之为书也，不可远。为道也屡迁。变动不

杂卦图，出自宋·佚名

《周易图》。孔子研究《易经》，曾作《杂卦传》

居，周流六虚，上下无常，刚柔相易，不可为典要。唯变化所适。其出入以度，外内使知惧，又明于忧患与故，无有师保，如临父母。初率其辞，而揆其方，既有典常。苟非其人，道不虚行"（《系辞下》八章）。

大意是：周易这部书，不可远离，应随时观用。它表明，它所运用的一阴一阳之道，不断地变迁。变动而不停留，周流于卦中六个空虚的爻位之间，或上或下，没有一定，忽刚忽柔，相互转易。因此不可执着于规范的公式，唯有与变化相适应。但另一方面，阴阳二气的内外出入也有节度，使人循之而知所戒惧，并且明了忧患所在及其原故（借以趋吉避凶）。虽然这不是师长对人的关怀和教诲，却也如同在父母身边一样受到指教与爱护。学习周易时，开始应由它的文辞入手，推断其阴阳二气的发展方向，终于能在其无常的变化中察知其内在法则。如果没有穷究《易》理的人"神而明之"，周易的阴阳变易之道就无法发扬光大。

这段话的中心思想一言以蔽之，就是周易阴阳交易的规律，如同师长父母一样，指导人们的行动。换言之，周易就是生活指南，不可须臾离开。值得特别注意的是，孔子没有说周易是测事如神的占筮宝典，教人避祸得福，应时刻带在身边。只告诉人们，要应用周易之理，反身修省，从而趋吉（得）避凶（失），保护自己。这突出地表明两点：1、周易虽具有筮书的形式和占筮的效能，但其主要内容、功能和价值，端在于以天理指导人道。2、以周易的内容和效能而言，它的性质是哲理、伦理法典。

《系辞》既是孔子的易学，也符合周易的本义。从上述《系辞》内容几个要点的分析，可以看出孔子对周易性质的认识，和朱熹以卜筮为周易本义的观点是根本不同的。从这里可以体会到，为什么孔子颂扬《易》占而又不讲占卦的原故。

还有一点，需要补充说明。《系辞》这篇文章，深奥难懂。为什么？尚秉和先生的说法是"系辞嘘吸经髓，擎举元神，其难解盖过于经"（《周易尚氏学》）。他说的很对，《系辞》之难解，原因就在于它吸取了周易的"精髓"发扬了它的"元神"。由此可见，孔子对占筮所抱的"变动不居"的灵活态度，也正是周易唯变所适的实质反映。

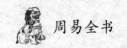

如上所述，《系辞》已经显示出孔子对周易性质的看法，但他始终没从正面说明这一点。孔子之后，周易的研究大体分化为义理、象数两大派。从发展为两派的情形也可以看出，周易内涵的多重性发生了分化。主要是，其内容的发展形成义理派，其形式的发展则成为象数派。义理派的发展，大体上继承孔子《系辞》的基本观点而在哲学上更有建树。象数派则乖离孔子《系辞》的基本教义而逐渐坠入占术，甚至入于机祥。

从历史上看，以《易》主要为哲理书而非一般筮书的观点，孔子之前早已有之。《左传》昭公二年记载，晋国韩宣子聘于鲁，看到《易象》与鲁《春秋》，对其内容之高深，大为赞叹，说："周礼尽在鲁矣！吾今乃知周公之德与周之所以王也。"《易象》当然指周易。韩宣子既认为周礼（文化、体制）尽在于此，又是周朝兴起的理论指南，那么，显然他就不是把周易看成预测类的占筮小技，而是看成关乎天人之道的大书。孔子是否受到这一观点的影响，无从查考。但就观点内容来说，韩宣子的说法与孔子《系辞》的思想，却有一脉相通之处。

在易学史上，孔子可说是义理派的始祖。其《系辞》中的观点，也成为历代义理派学者的宗本。但把上述《系辞》中关于周易性质的看法直截了当地作出集中而明确的论断的，当属清代的《四库全书总目提要》。其经部易类序曰："圣人觉世牖民，大抵因事寓教。《诗》寓于风谣，《礼》寓于节文，《尚书》《春秋》寓于史，而《易》则寓于卜筮。故《易》之为书，推天道以明人事者也。"

这一界说式的论断，正确地说明了孔子《系辞》中的《易》道观，同时也正确地揭示出周易的基本性质。

周易的教化作用

古文献中还有一段孔子的言论，也从侧面透露出孔子对周易性质的看法。

《礼记·经解》记载，孔子说："入其国，其教可知也。""其为人也、洁、静、精、微，《易》教也。"又曾说："《易》之失，贼。""洁、静、精、微而不贼，则深于《易》者也。"这段话是孔子关于《诗》《书》

《乐》《易》《礼》《春秋》等典籍的教化作用对一国的社会风习和道德修养所产生的效果得失的论述。孔子认为，周易的功能表现在，能使受教育者的思想作风变得洁、静、精、微，这是得。而另一方面，如果受教育者对《易》的教化接受得不深不透，也会堕入"贼"的邪路，这是失。《易》的教化作用有这样正反两个方面。所谓"洁、静、精、微，"是什么意思？孔颖达在《周易正义》中这样解释："《易》之于人，正则获吉，邪则获凶，不为淫滥，是洁静；穷理尽性，言入秋毫，是精微。"这一解释，既不全面，也不全对。首先，这四个字是四个并列的词，并不是两个词。意思是"其为人也"，表现出"洁、静、精、微"四大优秀作风。其次，把洁静释为正派，亦不贴切。再有，精是精，微是微，词义迥异，不可混同。笔者的见解是，洁有"修整之义，整整齐齐，一丝不乱，可谓洁"。《易》所教化的人，受到阴阳象数之道的熏陶，思维有条有理，作事井然有序，具有洁的作风。《淮南子·泰族训》解释说："清明条达者，《易》之义也。"说得对。静，是说受《易》教的人，思想深沉，举止安闲。精字本义为米之精华，引申为事物的精华，即事物之本质。受过《易》教洗礼的人，通晓阴阳变化之道，"精义入神"（《系辞下》五章），对事物的观察分析，善于抓住其内在精华，即本质属性，这叫作精。最后的微字，并非"穷理尽性，言入秋毫，"而是机微之间，亦即《系辞》（同上）所说"几者动之微"、"君子知微知彰"中的微字。指

孔子像。孔子认为《周易》的功能表现得有失。得在于使受教育者的思想作风变得洁、静、微；失在于如果受教育者对《易经》的教化接受得不深不透，也会走向"贼"的邪路

事物初生，欲动未动之际的朕兆。有《易》教修养的人，能够及时捕捉几微，而表现为先见之明，这是四字中微字的正解。总而言之，"洁、静、精、微"的意思就是，《易》的教化会使人变得思维有条有理，头脑深

沉冷静，能洞察事物的本质，并有先见之明。孔子说的"洁、静、精、微"四个字，就是指《易》教这四种功效而言。用一句话来说，就是表现于思维能力和精神境界的提高。

显然，这种教化的效果，只能来自周易的全部内容，是周易的象、数、辞、理综合体所形成的教育与教养的力量，使人的精神产生如此高层次的升华，这绝非来自周易的占筮形式。仅有周易的象数与占筮相结合的形式，绝不会有这样深邃的教化功能。

洁、静、精、微的风貌，是《易》教的正面作用，但《易》教还有反面作用。孔子斥之曰"贼"。"贼"在上古语里并不指盗贼，它的原义是"害"，亦即是侵害、毁坏之义。《论语》先进篇所谓"贼夫人之子"的贼，就是害人的意思。孔子认为，周易的教化也有偏差的可能。意思是如果教化不深，受教不透，就会产生害处；贼仁贼义，以邪害正。那么，这个贼的坏处来自周易的哪里呢？当然不是来自它的义理内涵，它的义理内涵主要是讲天人的中正之道，不会产生贼人的作用。贼人作用一定产生于其他部分，——那就是只能来自占筮的象数演变部分。具体说，就是倘若学《易》者只从周易表层学到一些象数演变的知识、阴阳变化的手法以及占筮的法术之类，而未能深入体会这些东西内部天人之道的扶阳抑阴的精神实质，则学习之未会流于形式而产生不良后果，学者便会运用从周易学来的"法术"（唯心的辩证思维方法），为谋私利而以邪侵正。列宁在《哲学笔记》里曾经说过"狡猾的辩证法"这样的话，值得深思。由于辩证法讲概念的灵活性，如果随意滥用，就会流于诡辩。所以有人讥笑乱用辩证法诡辩的人为"变戏法"，也不为无因。周易是我国上古时代独特的辩证思维体系，专讲有常无常相结合的变易之道，方法灵活，穷神入化。这种思维方法贯以天人的"中、贞"之道，是周易的精神实质，倘若贯以阴私之意，便会坠入玩弄手段、害人害事的邪路。《淮南子·泰族训》谈到这一点时，认为"易之失，鬼。"鬼有阴暗狡诈之意，和"贼"之意相通。据笔者理解，孔子所说的"《易》之失，贼"，大体是这个意思。所以孔子又总结说："洁、静、精、微而不贼，则深于《易》者也。"用今语来说，就是具有洁、静、精、微的出神入化的本

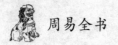

领而没有阴暗的坏心眼儿，才算是对周易的精神实质有了深入的认识和修养。当然，孔子对周易教化的作用得失的评论，是指作于殷周之际的周易古经而言，并不包括自己把《易》理阐发光大而形成的哲学形态的《易》传在内。换言之，周易古经大约作成于殷周之际（约公元前十一世纪）。而孔子生于春秋末季（公元前五世纪），前后相距六百余年。孔子所谓"《易》之教"，无疑是指周易古经的教化作用。就是说，周易古经蕴涵的哲理、伦理，从诞生后几百年来一直对人的精神世界和道德修养起到薰陶渐染的功效，以致逐渐形成洁、静、精、微这样一种社会风气。仅据这一点，即可见朱熹所说"盖《易》只是个卜筮之书，藏于太史太卜，以占吉凶，亦未有许多话说""到孔子方始说从义理"云云，完全是一偏之见。

周易的道德占筮观

这里，有一点需要特别提出说明，就是上述《易》教的得失与周易占筮部分的关系。周易的精神实质是

"推天道以明人事"，以"中、正"的伦理思想为骨干，其占筮观念也是如此。张载所谓"《易》为君子谋，不为小人谋"（《横渠易说》），亦即以义理控制占筮是周易的占筮之道与卜辞及其他占卜杂术的根本差异。例如《左传·昭公十二年》载：

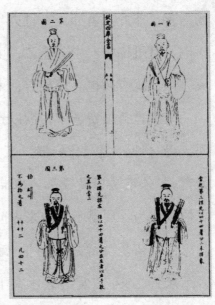

《揲蓍图》，出自程大昌《易原》，描绘了用《易经》占卜时的一些动作

"南蒯之将叛也，枚筮之，遇《坤》之《比》，曰：'黄裳，元吉。'以为大吉也。示子服惠伯曰：'即欲有事，何也？'伯曰：'吾尝学此矣。忠信之事则可，不然必败。'外疆内温，忠也。和以率贞，信也，故曰：'黄裳，元吉。'黄，中之色也，裳，下之饰也，元，善之长也。中不忠，不得其色，下不共，不得其饰，事不善，不得其极。外内倡和为忠，率事以信为共，供养三

德为善。非此三者弗当,且夫《易》不可以占险。将何事也?且可饰乎?中美能黄,上美为元,下美则裳。叁成可筮,犹有阙也。筮虽吉,未也。"

南蒯是鲁国费邑宰,欲以费邑叛鲁降齐。以周易占问,得《坤》之《比》卦。五爻动变,爻辞为"黄裳,元吉。"依筮法以此爻辞占断吉凶,南蒯以为大吉,而惠伯则认为,周易不可用来占问凶险之事,只能用来占问忠信之事。爻辞之"黄",表示内心的善美,"元"表示众善之长,"裳"表示在下之善美,倘所问事非属善美,虽占得此吉卦,亦必败事。

惠伯的解释。虽不无牵强附会之嫌,但却表现出周易固有的伦理本质对其占筮数术的控制。由此也可推想到,以德说卦大概是周易成书以来占筮的传统作风。对这一点,当时已处于青年时代的孔子当然会清楚地知道。故此,孔子所谓《易》教"失之贼",大约也包含那种抛开义理,不论善恶,而单搞占筮,以求避祸得福的成分在内。

从上述关于周易的教化作用方面,也足以看出,在孔子心目中,周易乃是一种哲理伦理书,占筮只是为义

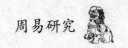

理所左右的测事形式。

这是一种儒家特有的道德占筮观，大约在《易》卦缀辞成书时，即已形成。如果周易缀辞成书者真是文王，则满腹忧患意识与道德观念的作者，以道德占筮观作为周易灵魂，也就不足为奇了。但当时及其后几百年间，虽然这种占筮观逐渐形成一种风气，但只有经孔子从哲理上加以阐述发扬，才得以造成理论形态而在《易》学史上成为伦理中心主义的儒家所特有的道德占筮观。

朱熹的周易观

但是，作为孔学的继承人和发扬者，作为宋代《易》学大师的朱熹其人，在看待周易的性质上却违背师训，和孔子的观点大唱反调。他反复强调说：

"八卦之书，本为占筮，方伏羲画卦时，止有奇偶之画，何尝有许多话说？文王作繇辞，周公作爻辞，亦只是为占筮设，到孔子方始说从义理。"（《朱子语类·〈易〉类》）

这段话包含三个观点：

（一）八卦原只有奇偶两画，只为占筮，没什么道理；（二）有了文辞后，也仍为占筮之需，没什么道理；（三）孔子作《易》传，才开始讲出道理。

为了强调自己的观点，朱熹甚至说："初但有占而无文，往往如今之杯珓相似耳。"把尚无文字的卦画，看成类似"杯珓"那样，将木牌掷地，以正反占断吉凶的原始占卜。总之，他把孔传以前的周易，包括文王缀辞的周易在内，完全看成没有思想内容的占卜末技。实际上是否如此，我们需要回顾历史，进行考察。

只有周易是《易》

周易的哲学性质，从它的名称也可约略窥见。这一点，首先仍不免涉及所谓"三易"：夏之《连山》、殷之《归藏》、周之《周易》。三部书都是卦书的形式，都是由八个经卦组成的六十四卦，但三部书却有所不同。仅就迄今所知，不同之处有四：名称不同，卦序不同，文辞不同，性质不同。《连山》以《艮》卦为首，象山之出云，连山不绝。《归藏》之首为《坤》卦，象万物莫不归藏于大地。《周易》则表示变易之道周遍于宇内，而以《乾》卦为首，以象无为造化之主。同时，三部书也有其共同点，即都可用于占筮，而由周官"大卜"掌握，这是自古以来的传统说法。

但是，关于所谓三易之说，有些学者却不同意旧说，顾炎武就是这样。

他在读书扎记《日知录》中说：

"夫子言包羲氏始画八卦，不言作《易》。而曰：'《易》之兴也，其于中古乎？'又曰：'《易》之兴也，其当殷之末世，周之盛德邪？当文王与纣之事邪？'是文王所做之辞，始名为《易》，而周大卜掌三易之法，一曰《连山》，二曰《归藏》，三曰《周易》。《连山》《归藏》非《易》也，而云《易》者，后人因《易》之名以名之也。"

这段话说明两点，一曰周易作于殷周之际，易名始于文王所系之辞，此前并无易名。二曰：三易之中只有《周易》名《易》，《连山》《归藏》并不名《易》，只是后人借《易》之名而笼统简称之而已。接下来他又以

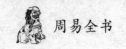

类比法论证说：

"犹之墨子书言周之《春秋》，燕之《春秋》，宋之《春秋》，齐之《春秋》。周、燕、齐、宋之史，未必皆《春秋》也，而云春秋者，因鲁史之名以名之也。"

最后他又引用左传僖公十五年韩之战和十六年鄢陵之战，言其筮辞皆不见于周易，亦不言易名，据此推断，其筮法必另有出处。

顾炎武的说法，论证性很强，可谓独具慧眼的高见。依他的观点，还可补充一个有力的证据，那就是《礼记·礼运》所载，孔子曰："我欲观殷道，得《坤·乾》"。他说的《坤·乾》当是指殷代的坤卦为首的筮书《归藏》。但孔子只称之为《坤·乾》，而不称之为《易》。也不象对《周易》那样，当作研究对象。这也足以证明《归藏》早已流行于殷代，而《周易》则始作于殷末周初。"三易"之中只有《周易》是真正的《易》，余二易只是行文之便的借名而已。孔子终身慎于言，他的话极有分寸，可资信从。

由此可见，虽然《周礼》载春官大卜掌三易之法，①《连山》《归藏》《周易》同用于占筮，其架构和作用，有相同的一面，但内容、形式、文辞和功能，恐怕有很大差异。从后人所集佚文的珠丝马迹推测，《连山》《归藏》两书，大约主要是占筮的数术。所以孔子看过《归藏》，只是看了，并未为之作传。这也许是由于它只是卦书，内蕴浅薄，没有多少可供发挥的原故吧。

就名称来看，殷之《归藏》始于《坤·乾》，周之《周易》则把它颠倒过来，始自《乾·坤》。前者始于地天，即始于阴阳，后者始于天地，即始于阳阴。阴性柔，阳性刚，刚柔易位，则内容与性质自有重大变化。虽然年代久远，无从查考，但此种情况略可想见。

---

① 杭辛斋《易楔》云："京氏学占筮派实远符连山历数"。顾炎武《日知录》云："左传僖十五年战于韩。卜徒父筮之曰吉，其卦遇蛊曰：'千乘三去，三去之余获其雄狐成……。'此皆不用周易，而别有引据之辞，即所谓三易之法也。"

"易"者变也

同一般的占卜术或占卜类书相比,《周易》的特殊性十分显著。单从名称来看,它就不同凡响。上古时代的龟卜骨卜,就是名符其实的龟卜骨卜,没有什么话说。《连山》、《归藏》有些话说,但话也不多。至于六爻占法、梅花易数、灵棋占之类,望文生义即可知其大略,"何尝有许多话说"(朱熹语)。但《周易》,唯有《周易》,仅仅一个名称就意蕴深厚,层次繁多,引发出形形色色的解释,令人有目不暇接之感。

《周易》的周字,含义比较简单,容易解说。《易纬》说:"因代以题周",周是周代之意,这是一。郑玄说:"周易者,言易道周普,无所不备"(以上孙星衍《周易集解》),把周字解作普遍,即内容无所不包之意,这是二。周字之义,有此二说。有人将此二说捏合一起,讲解周字,未免牵强。多数《易》学家,如孔颖达、朱熹等,都采取第一说。

难以处理的是《周易》的本称"易"字。它的多

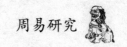

重义蕴，引发多种解释。

有些说法，是从易字字形上作解释。

一说：易字由日月二字合成，上日下月，以"日往则月来，月往则日来"（《系辞下》第五章），象征阴阳二气的交迭递变。足为易名本义。但易字的组成不是上日下月，而是上日下"勿"。说者谓上日下勿"象日彩之散著"（朱骏声《六十四卦经解》），但勿字只有旗帛之义而无此义，此说碍难成立。

一说：易字由日与夕合成。卜辞中"日夕"连用时有所见，呈易字形。周初沿用商历计时，日出到日入，称为日，日入到日出，称为夕。日加夕就是昼加夜。但殷商甲骨文中并无易字，也许周易作者将甲骨文中的日和夕合并而造成易字，以昼夜相继，运行不已之象，表示"一阴一阳之谓道"（《系辞上》五章）。但易由日夕二字改造而成，终属推测，故此说亦难成立。

一说：《说文》云："易，蜥蜴……象形"。据此则易名为壁虎，以其能随时变色，故作者取以为书名，以象征阴阳二气的"唯变所适"（《系辞下》八章）。此说取虫名之同音及其变义，以释周易之易名，虽也可通，

但不无以小攀大之嫌。

传统《易》学上比较权威的解释是"三易"之说，即简易、变易、不变三义。简易谓《易》义象天道，淡泊不烦。变易谓《易》义象天道，无时不变。不变谓《易》义象天道，有一定之规。有人在三易之上加上交义，谓之"四易"说。认为阴阳交而成四象，四象交而成八卦，八卦交而成六十四卦，交义也是《易》之精髓，故易名应含交义。清初学者毛奇龄又扩展说，易名兼有变义、反义、对义、移义、交义五种。其实，阴阳颠倒之反义，阴阳相错之对义，阴阳上下之移义，也不过变义的一种而已，说来说去，变义实为易名的中心，可谓易名的本义（参看本书《易名辨析》篇），它简而明地揭示出周易的内涵。故此，将易书英译为《Book of Change》（变书），可谓深得个中三昧。

生生之谓《易》

易名之中心为变义，这一点古往今来的诸大家俱无异议。

　　首倡者是四圣之一的孔子，他有个简明的定义："生生之谓《易》"（《系辞上》五章），意为"阴阳转易，以成化生"（韩伯康注）。司马迁的提法是"《易》以道化"（《史记·太史公自序》），以变化解《易》。朱熹也说："《易》，书名也，……有交易、变易之义，故谓之《易》"（《周易本义》）。司马光说："《易》者，阴阳之变也"（《易说·总论》）。程颐说："《易》，变易也，随时变易以从道也"（《易传序》）等等，不一而足。这些大家的观点，的确抓住了《易》名为变义的要谛。其实，上述日月轮回说、日夕循环说和蜥蜴变色说，也属于变动的性质，都可用变义以贯之，谓之变易说也未尝不可。

　　对周初作成的六十四卦卦书，作者名之以《易》，确是一个大手笔。一字千金——它把此书的灵魂一下子勾画出来。周易的灵魂就在于变。筮变、卦变、辞变、位变等等，其间贯以天道的阴阳之变，地道的刚柔之变，人道的仁义之变，始于变而终于变，无变不成《易》。以变易之"易"名《易》真是天造地设，恰乎其可。从《易》名这个窗口，人们可以大体窥见周易本

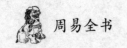

体的灵魂。

若同《连山》《归藏》比较一下，这点就会看得更清楚。宋代《易》家程大昌在《易原》中谈周易和《连山》《归藏》的区别时说："《连山》《归藏》不传。《连山》《归藏》之以不变为占，别自一法。"他举《左传》《国语》所载，"凡其筮其八者尝三出矣。……凡其三出而皆无'之卦'也。"按筮例，"八"为不变之数，筮用八则无变卦（之卦）。这和周易用"六"的变数，情况不同。所以他结论说："则古谓《连山》《归藏》，以不变为占者信矣。"他还据此作了推论，认为《连山》《归藏》之所以失传，也许由于有卦无辞，难于推用；也许由于只有本卦而无变卦（之卦），不能往远处推衍，就是说不变之占使《连山》《归藏》作用缩小以致失传。这虽属推测，但由此也可见《易》名之"变"，实在是周易其书的画龙点睛之笔。

然则，在这个千变万化的世界当中，是什么学问讲变化之道呢？除了自然科学的化学讲物质的变化的普遍规律外，在社会科学方面，只有哲学是讲天人变化的普遍规律的学问。既然《易》名以变义，表达《易》体之变义，那么，循名责实，则《易》之为书，属于哲学性质，自然顺理成章，毫无疑问了。这样，《易》名之变义，就把《易》书和其他单纯的占卜书在本性上划出了一条界限。其他占卜术数的书，没有内容讲变化之道而以变义命名的，也不会这样作，因为占卜之道的前提是天神的定命论，而不是天人的变化之道。这一点，下面还要细说，此处不谈。

另外，还需补充说明：有些学者认为，《易》名的本义是简易，这源于龟卜变为筮占，方法由繁难变为简易。这种观点，恐怕欠缺深入实际的考虑。因为龟卜虽然手续和兆象繁杂，但相当固定，可为典要，判断吉凶比较容易。而相反地，周易筮占表面上筮法较为简易，但卦爻象变化多端，文辞隐晦多歧，不可为典要，占断很难，这是一。另外，这种观点是把龟卜和筮占（含周易），作为占卜术而同等看待，忽略了周易（含筮占）具有渊奥的内涵，是六经中最难解的奇书。故此，无妨说，这种由繁趋简的说法，是有些简单从事之弊。

再有，吴挚蒲《易说》认为易字的本诂就是占卜。尚秉和也同意此说（《周易尚氏学》）。根据之一是，

《周礼·祭义》有"易抱龟南面"之句。易为易者，指占者。根据之二是，《史记·大宛传》云："天子发书易。"谓发信占卜之意，如此等等。但这类句中的易字，都是以周易进行占卜之意，并不能视为易字的本义。如若追索易字的本诂，则应是水自此器溢出而注入他器之意，引申而为变易。令人莫解的是，尚秉和一方面同意吴说，认为"简易、不易、变易皆《易》之用，非易字本诂"，一方面又说："周易以《乾》为首，《乾》元亨利贞，即春夏秋冬，周而复始，无有穷期，故曰周易。"又把周易二字释为周而复始无有穷期的变动。这岂非自相矛盾？按他所采取的《易》本诂为占卜说，则周易二字理应释为周而复始、无有穷期的占卜，那就成为笑话了。可见，诸家众说纷纭，说来说去，归根结底，还是离开变义无法解释易名。在这一点，反复强调《易》为占卜书的朱熹，如上述所也不得不承易名为交易、变易之义。而一承认周易是讲交易变易之书，则认定周易为占卜书之说，即不免破产。

前文说过，春秋时代晋国韩宣子访问鲁国时，看到鲁国所藏周易。他不称之为《周易》，而呼之为《易

象》，他感到《易象》的深奥内涵，足以说明周之代殷
而兴，是理所当然的。孔子为周易作传时，也作过
"《易》者象也"（《系辞下》三章）这样的论断。王夫
之继而阐释说："……汇象以成《易》，举《易》而皆
象，象即《易》也"（《周易外传·系辞下传》三章）。
可见，在周易的体系当中，"象"占有决定性的重要地
位，后来汉代《易》学家专门致力于象数的探究，也不
为无因。但过份泥于象数，穿凿附会，以致流于一偏。
魏晋时王弼异军突起，扫象言《易》，虽振起义理学风，
但流于玄虚，也是一偏。宋人踵迹其后，舍象谈《易》，
趋于性理之学，以致无形中往往流于禅虚，都偏离了周
易以象为本而言义理的正宗。因此，泥于象而研《易》
固然不是正途，而舍象研《易》也是斜路。必须对
《易》象在周易中的性质、作用及其变化有足够正确的
认识，而后因象言义，才是研究周易的正路。

《易》象的本质是什么

那么，周易的"象"又是什么呢？孔子解答说：
"象也者像也"（《系辞下》三章），又说："居则观其象

而玩其辞"(《系辞上》三章）。在他的思想中，周易的象大概是模仿事物情态而画出的仿佛事物模样的卦画形象。就是指以阴阳二象为基因、以八卦为基础而组成的六十四卦象体系而言，并不包括辞象在内。他认为这个卦象体系，是上古先圣仰观俯察、效天法地而画出并推演成的，所以说它"像"是事物的情态。来之德把《易》比作一面镜子，认为"象"就好似镜中所照出的物形（《易经集注》原序）。如果从反映论的原理来看，《易》象来源的所谓"像"，作为比喻，这样说当然未尝不可。因为易象只能是来源于作者对外界事物形象的创造性模拟，象字本身已经表明了这一点。

但是，《易》之象和镜之象虽同是源于外界事物的反映，形式上似乎相像，而本质上却根本不同。镜之象是原物的机械反映，是呆板的形象，《易》之象却是创造性的能动反映，是活生生的形象。卦象爻象之外，那大量的依据卦爻象的内涵而附缀上的以喻意明理为目的的文辞之象，也应该包括在《易》象的范畴之内。

近些年来《易》学界出现一种比较流行的说法，把《易》象说成是一种"符号"。这种说法，也许是以计算机原理研究周易而产生的，这种符号说和镜象说，如同原始数占的数字说一样，都不能表达《易》象的本质。镜象是呆板的物理映象，不在话下。符号或数字除本身的意义外，在逻辑上也只有代替的功能，如 XY 之代替未知数那样，没有更多的内容与性能。而《易》象则不然，它具有灵活多样的形式和生动具体的内容。例证甚多，俯拾即是。如八卦中象☰的形式，是天的象征，以纯阳之体与刚健之性为内容，谓之《乾》象。与其相反相配的☷象形式，则是地的象征，而以纯阴之体与柔顺之性为内容，谓之《坤》象，两象相交，便产生䷊䷋两象，谓之《泰》《否》。《泰》象是地上天下，义为地气降而天气升，二气相交，象征"天地交而万物通也，上下交而其志同也，内阳而外阳，内健而外顺，内君子而外小人，君子道长，小人道消也"（《泰》象）。《否》象是天上地下，义为天气升，而地气降，二气相背，象征"天地不交而万物不通也，上下不交而天下无邦也，内阴而外阳，内柔而外刚，内小人而外君子，小人道长，君子道消也"（《否》象）。这一例证表明，《易》象不仅具有灵活多样的象征形式，而且每个象征

形式中均涵有生动而具体的内容。形式的变动，生出新的内容，新的形式又服从于新的内容，是一种辩证关系。它和呆板的被动的干巴巴的无生命的符号、镜影、数目之类，禀性根本不同。它是个活生生的有机体，具有极大的能动性。

《易》象的功能性

《易》象的能动性之根，扎在它的基因——阴阳二象中。阴阳二象以其象形的特质保持相反相成的关系，便构成能动性，发生前文所述的变化。其能动性表现为下列各种功能：

象征作用

《易》象源于用奇偶之画模写外界事物，以"—"象物之阳面，以"⚋"象物之阴面。阴阳二象交义重叠，形成八卦乃至六十四卦，以象征作用表达事物的情态。如"—"形主要象征纯阳的天，表示健义；"⚋"形主要象征阴的地，表示顺义。☶形象征山，表示止义。锜形象征阳气入地，表示雷震之义。趁形象征水的外柔内刚，表示险陷之义，岢形象征水在天上，尚未成雨，暗喻办事需要等待；鹄形象征水附地上，水土亲比，暗喻人间的亲昵关系，等等，象征事物的各种情态或人间的各种关系。例子甚多，不胜枚举。这种由外形与内情综合所构成的《易》象的象征作用，绝不是符号、镜影或数字的空虚性与被动性所能造成的。

喻理作用

孔子说："书不尽言，言不尽意。……圣人立象以尽意"（《系辞上》十二章），他的说法是正确的。的确，语言文字受其本身局限性的限制，不能全面表达事物的情态和作者的微意，只有象，才能凭其广阔灵活的性能，喻意明理，"以通神明之德，以类万物之情。"（《系辞下》一章）从而"穷理尽性，以至于命。"（《说卦》一章）从这个意义来看，全部六十四卦就是一个以象喻意的哲理体系。如《屯》象鹄，上水下雷，象征天地始生的混沌状态。翻而为《蒙》象鹝，上山下水，喻示山泉始流，朦朦胧胧。《需》象鬥，为天上有水，尚未成雨，表示需要等待之义，故名为"需"（等待）。《比》象袛是水在地上，意味着水润土地，彼此亲近，故名为"比"（亲昵）。《同人》象籤为上天下火，表示天气上升，火炎趋上，天与火俱有向上性质，彼此志同道合，喻示与人求同，争取团结。如此等等，卦象出意喻理之情，非常明显。从爻象来看，例如《乾》上六"亢龙有悔"，以龙飞天上、知进而不知退之象，喻示其"有悔"的后果，从而警戒世人，得意时要反身自省，留有余地，以免遭物极必反之患，悔之莫及。与此相呼应，《泰》六三"无平不陂，无往不复。艰贞，无咎"之象，则劝告世人，太平盛世发展到一定程度会呈现反泰为否之虞。此时，不可丧失信心。只要居安思危，坚守正道，就可以避免事情的逆转，而保持稳定无咎的处境。这是从另个方面为人们指出持盈保泰之计。这两个辞象喻示着丰富而微妙的义理。从爻象之变讲，《乾》之阳性好比龙象，龙经潜、见、乾乾、跃、飞而上升到九五的高峰时，即应断然止步。若再进一步，即成为"亢龙"（冒进的龙），卦爻即由阳极而变阴，转为

《坤》卦，性质完全逆转。从人事关系来讲，就成为得意忘形，陷入窘境的形象。另外，《既济》钼之象，上水下火，初九、六二、九三、六四、九五、上六，阳爻在奇数，阴爻在偶数，全部为正。整个卦象暗示，宇宙人间的万事万物，上上下下皆各得其所而完结，告一段落。同时紧接着出现《未济》𦓞之象，和《既济》卦整个卦象阴阳完全相反（叫做"变"或"错"的关系），暗示宇宙人间的万事万物，上上下下，所处不正，而开始迈上新的阶段。关于辞象在这一方面所起作用的具体例子，前文辞象特点的喻理性部分内，已详加论述，兹不再赘。

能行作用

《易》象能够有规律地组合、运行并衍生为各种各样的结构和序列，条理分明，这是它的能行性功能。《易》之阴阳二象组合成𤕟（太阳）𤾓（少阴）𤕶（少阳）𤲟（太阴）四象，再组合成夬（乾）𤾲（兑）羑（离）锜（震）倛（巽）趚（坎）鞻（艮）姤（坤）

八卦，八卦重合为六十四卦。这样一分为二、二分为四，四分为八，八分为十六，十六分为三十二，三十二分为六十四，遂形成《易》象的体系。条理分明，次序井然。依照邵雍的说法，所谓伏羲六十四卦生成的次序是："太极既分，两仪立矣。阳下交于阴，阴上交于阳，四象生矣。阳交于阴，阴交于阳，而生天之四象；刚交于柔，柔交于刚，而生地之四象，于是八卦成矣。八卦相错，然后万物生焉。是故一分为二，二分为四，四分为八，八分为十六，十六分为三十二，三十二分为六十四。故曰：'分阴分阳，迭用柔刚，故《易》六位而成章也'"（《皇极经世·观物外篇》）。依据邵氏的解释，从阴阳二象如何从初始状态有条有理有阶段地自然展开而形成六十四卦的过程中，可以清楚地看到并领会到《易》象内在的能行性效能。

关于《易》象六十四卦体系生成的学说，除上述一分为二说以外，还有其他好几种说法。如前文所述的《乾》《坤》生六子而后衍生为六十四卦的学说，《乾》《坤》生《复》《姤》而后衍生为六十四卦的《复》《姤》小父母说等，旁通说也是其中之一，汉人陆绩、虞翻倡导此说，认为《乾》六爻发挥变动，旁通（阴阳相反）于《坤》，《坤》来入《乾》，以成六十四卦。此外，魏伯阳的《周易参同契》还提出"《易》为《坎》《离》"之说，把《坎》《离》二卦说成六十四卦形成的基础，属于道家的理论。关于六十四卦《易》体形成的这些学说，哪一个比较合理，与本题无关，姑置不论。总之，这多种多样的学说，反映出一个共同的特点，即：阴阳二象含有一种能行性，可以灵活地有条理有秩序地组合成《易》体形成的各种各样的网络。

《易》体六十四卦的卦序，也鲜明地反映出《易》象的能行性。依据不同需要所形成的不同的标准，六十四卦可以造成各种各样的排列次序。如前文所述，传统卦序是以相因的义理和覆变的形式相结合的标准，而有条有理地顺序展开。还有流行的所谓伏羲六十四卦卦序，依照相对相错的标准，以《乾》《兑》《离》《震》《巽》《坎》《艮》《坤》的顺序为基础，形成六十四卦圆图。也是条理清晰、秩序井然；《易》象的能行性，跃然纸上。此外，前文所述京房的八宫卦序，则以占卜之需为准，按《乾》《坎》《艮》《震》《巽》《离》

《坤》《兑》八宫顺序，采取逐一爻变的步骤，形成六十四卦体系。分类清楚，演变有序，一丝不乱，好似计算机的运行。单从象的能行性功能来说，八宫卦序表现得最为优越。

《易》象能行性的范围很广，除上述《易》体生成和卦序安排之外，颇有争议的互体问题，笔者以为，也表现出《易》象的能行功用。有些学者认为它不是周易本义，有些则强调古已有之。但不论周代取象解卦是否有此先例，互体之为《易》象内在能行性的表现，则是毫无疑问的。因为一卦而含数卦之象，是卦爻象自身所衍生，并非来自外部。所谓互体是说一卦六爻除包含上下两个三爻卦之外，经过爻的交互，还可再生出两卦。如《屯》卦鹋由《坎》《震》两三爻卦组成。其中二、三、四爻与三、四、五爻经交互后，又可分别组成《坤》姤《艮》辈两个三爻卦。这样一来。《屯》卦遂包含《坎》《震》《艮》《坤》四卦。在此基础上，又衍生一些变例，如包体、环互、兼互、大卦，等等，花样不少。这些体例未必是周易筮法原来所有，但来自《易》象，为卦爻自身的衍生物，却是不言而喻。倘若

《易》象本身根本不具有这种以能行性形式衍生的性能，一卦而分为多卦的互体，便不会出现。故此，互体也应视为《易》象能行性的表现。

亲合作用

前文说过，《易》之阴阳二象，为一物两体、一而二、二而一的关系。互根互依，互交互易，变化无穷。这表明阴阳二象在对立之中也有其互相依赖、互相渗透等亲合的性质和作用。老子所谓"万物负阴而抱阳，冲气以为和"（《道德经》四二章），孔子所谓"一阴一阳之谓道"（《系辞上》五章）"阴阳合德而刚柔有体"（《系辞上》六章），他们在"和""合"二字上下功夫，强调阴阳二者的统一性。在此基础上王弼进一步阐述说："凡阴阳者。相求之物也……，夫阴之所求者阳也，阳之所求者阴也"（《〈周易略例〉·明象》），把阴阳二象的亲合性质与亲合关系，讲得十分明白。

但是，历史上也有的学者反对这种说法，唱出异调，南宋时代的叶适便是一个。他对孔子所说的"一阴一阳之谓道"，持否定态度。他说："道者，阳而不阴之谓也。一阴一阳，非所谓道也"（《习学记言·周易四》）。这可以名之为"独阳说"。这种说法显然是错误的，既不符合宇宙的根本规律，也与周易的本质完全乖离。因为宇宙的根本规律是阴阳的对立统一，反映宇宙根本规律的《易》象，自然以对立统一为自身的根本规律。宇宙赖此而生生不已，变化无穷，《易》象也赖此生生不已，变化无穷。阴阳互相依傍而存在，互为其根而交易，独阳或孤阴，根本无存在的可能，只是叶适脑中的一个幻想的概念而已，如何能生，如何能变？杭辛斋讲得好："一者中也，正也。……《中庸》曰：喜怒哀乐之未发，谓之中，一也。发则一生二矣。……邵子曰：'独阳不生，孤阴不长，皆非一也。必阴阳合一，而后能生。"《学易笔谈·易数偶得》）宇宙一切，包括《易》象，必得有阴阳，阴阳以其亲合性合二而一，才会产生活力。在这一点上，朱熹的观点还是很对的。他说："夫阴阳者，造化之本，不能相无，而消长有常，亦非人所能损益也。……故圣人作《易》，于其不能相无者，既以健顺仁义之属明之，而无所偏主。……"

（《周易本义·〈坤〉卦注》），这段话里的"相无"二字，用得很妙。"相无"即是"相有"的反面，独阳孤阴无相互之义，如何相有？不能相有，即堕入相无。所以，独阳说虽表面上似乎尊阳，实乃灭阳。故而周易虽有扶阳抑阴之义，但正如朱熹所说，只是正确对待，并无"偏主"。有的书上说周易主张扶阳灭阴，完全是误解。只有阴阳二象相反而相成，相斥而相合，全部《易》象才得生成、变化。

《易》象的亲合作用，在《乾》《坤》二卦的关系上表现得最清楚。从卦象来说，一方面《乾》为纯阳，《坤》为纯阴，相互对立。另一方面在六个爻位中《乾》《坤》各为三偶三奇，相互依存。《乾》《坤》相交而生六子（见前文），互亲互交。《乾》经《姤》《遁》《否》《观》《剥》五变其象而成《坤》，《坤》经《复》《临》《泰》《大壮》《夬》五变其象而成《乾》，表现阴阳相求之义。从卦德来看，《乾》健《坤》顺。性质相反，但同时《乾》以健始，《坤》以顺成，阴阳亲合，万象以生。阴阳二象在对立的基础上互相亲合的功能，表现得十分明显。从卦变之说来看，也是如此。

其一说谓：一阳五阴之卦，来自《剥》褪《复》嵤。二阳四阴之卦，来自《临》鹗《观》捯。三阳三阴之卦，来自《泰》耆《否》踠。四阳二阴之卦来自《遁》陋《大壮》徬。五阳一阴之卦，来自《姤》龀《夬》蹉。例如《损》稻卦为三阳三阴，如六三爻与上九爻互相交换，即成为《泰》耆。故而《损》就是由《泰》上六阴爻来到三位，三九阳爻去往上六，互相交换而形成的。阴阳爻来往交流而衍化新卦，正表现出爻象具有相求相交的亲合性能。其他卦变之说，说法不同，但都是基于阴阳相亲相交的性能，离开这一条，就谈不到任何卦变。

爻与爻之间，有所谓比、应、承、乘等关系。比，是指相比邻的爻。如三与四比，四为三之比爻，四与五比，五为四的比爻。四比五，在《易》象中取比义最多，最重。爻需阴阳相合，才取比义。阳邻阳、阴邻阴，无相求相亲之情，便无比义。周易六十四卦以六四比九五者，总共十六卦，皆吉。《比》六四之"外比之，贞吉"，《小畜》六四之"有孚，血去惕出，无咎"，《观》六四之"观国之光，利用宾于王"，《坎》

174

六四之"纳约自牖"，等等，都是六四（阴）托九五（阳）亲比之福，而获吉或无咎。由此可见，爻象之阴阳相比，是其先天亲合性的表现形式之一。

应，是指六爻之间，初与四、二与五、三与六之间，阴阳相合而产生的对应关系。阳爻与阳爻、阴爻与阴爻之间是同性相斥的敌应关系，不是对应关系。只有阴阳相吸，才形成对应。王弼说："夫应者，同志之象也"《周易略例·明卦适变》，正确地说明了相应关系所表现的《易》象亲合性。

在相应关系中，二爻和五爻的亲合，最为重要。因为二爻处于下卦之中，五爻处于上卦之中，《易》象以中为贵。同时，五爻为尊位，在卦中常起枢纽作用，二爻在下方与之相呼应者，往往能趋吉避凶。故而九二与六五相应者，总共十六卦，辞象皆吉。如《蒙》九二之"子克家"，《师》六二之"在师中"，《泰》六二之"得尚于中行"，《大有》九二之"大车以载"，等等，九二皆因与六五保持相应的亲合关系，所以都吉而无咎。

乘承关系是：两爻相邻，阴阳相异，上者为"乘"，下者为承。"王弼说："承乘者逆顺之象也""辨逆顺者，存乎承乘"（《周易略例·明卦适变通爻》）。韩康伯注解说："阴承阳，则顺；阳承阴，则逆。故《小过》六五乘刚，逆也；六二承阳，顺也。"《小过》九四为阳爻（刚），六五为阴爻（柔），六五"乘"于九四之上，谓之柔乘刚。依王弼之说，此之谓逆。逆是反其道而行，不吉。所以六五爻辞说"密云不雨"（不足以成事）。六二爻在九三爻之下，为阴承阳，谓之顺。所以六二爻辞说："不及其君遇其臣，无咎"。这样，以逆顺来为阴阳爻乘承关系定性，从而论其吉凶得失，当然难以概全。但即便如此，至少也可以看出阳乘阴、阴承阳的所谓顺的关系中存在着《易》象间的亲合作用。这种爻象乘承的顺逆关系，也可以视为《易》象亲合性与相斥性相统一的表现形态。爻象间的亲合性，除了表现在比、应、乘、承等关系之外，《易》卦之含有天地人三才，也是其亲合性的反映。初与二合为地，三与四合为人，五与上合为天。显然爻象如无亲合性，三才便无从成立。

　　除上述爻象情况外，卦与卦的相交，也含有阴阳亲合的意义。如《乾》《坤》（三画卦）易位相交，构成《泰》，象征天气下降、地气上升，二气相交，万象通达，为吉。其反面为《否》，天气上升。地气下降，《乾》《坤》不交，万象闭塞，为凶。水与火相交，构成《既济》，水上火下，水下沉，火上炎，二者相交；初与三、二与五、四与六皆阴阳相应，表示相交，象征功成业就。反之，则为《未济》。如此，卦与卦之相交，也是《易》象亲合性的一种表现。

相斥作用

《易》象之间在保持亲合作用的同时，也保持一种互相排斥的作用。《系辞》首章就论到这一点。它说："刚柔相摩，八卦相荡。"相摩是互相摩擦，相荡是互相推动，刚柔是指阳象与阴象。阴阳二象既互相依辅，又互相摩擦，它们所构成的八卦也是这样：既互相倚存，又互相推动。这种依辅中的摩擦，倚存中的推动，表明《易》象在互相亲合的同时还互相排斥。王弼所谓"爱恶相攻，屈伸相推"（《周易略例·明爻适变》），即指

此而言。《易》象相斥性的突出表现是阴阳互为消长的
关系。阴长则阳消，阳消则阴长，互为消长。典型的例
子是《剥》与《夬》。《剥》卦卦象是五阴一阳䷖，象
征阴剥阳。六阳之《乾》，自下而上为阴所剥，一剥变
《姤》䷫；阳消为五，二剥变《遁》䷠，阳消为四；三
剥变《否》䷋，阳消为三；四剥变《观》䷓，阳消息
为二；五剥变《剥》，阳仅余一。在阴阳相斥，阳消阴
长的关系中，《剥》卦表现出阴气最盛，阳气极衰的情
景。再进一步，则阳气全消，变为纯阴的《坤》䷁。但
孤阴不能独存，紧接着，开始阳长阴消，一阳来复，卦
变为《复》䷗。阳长为二，卦变为《临》䷒，阳长为
三，卦变为《泰》䷊，阳长为四，卦变为《大壮》䷡，
阳长为五，卦变为《夬》䷪。《彖》辞曰："夬，断也，
刚决柔也。"反过来表现出阳最旺，阴极衰，阳（刚）
即将阴完全消除（决断）的景象。但阴阳不能"两
无"，独阳无可生存，阴消至极之日，即其开始重长之
时。基于阴阳互为消长、相斥并存的规律，经纯阳之
《乾》的中介，一阴又返，于是《姤》复至，阳长阴消
的关系，又让位于阴长阳消矣。阴阳二象的互为消长，

表现出两者在互相亲合的同时，又互相排斥这样一种辩证的关系。正如《剥》卦《彖》传所说："……消息盈虚，天行也。"表明《易》象中阴阳的消长盈虚，乃是反映宇宙运行的自然法则。十二辟卦一年四季的演变足以为证：从十一月《复》、十二月《临》、正月《泰》、二月《大壮》、三月《夬》、四月《乾》，转向五月《姤》、六月《遁》、七月《否》、八月《观》、九月《剥》、十月《坤》，十一月又回到《复》。其循环往复的阴阳消长，与四季气候运行的寒暑关系，完全一致。

阴阳互为消长的过程，是互相排斥的过程，严重时免不了发生战斗。《坤》上六辞象所谓"龙战于野，其血玄黄"，就是战斗的一个生动的描绘。《坤》阴自初爻之"始凝"，逐渐增长。长到上位，已成为森然可怖的庞大的纯阴之体，极其强盛，由顺阳而发展为与阳相敌，分庭抗礼，甚至迫阳退让，欲取而代之。于是发生阴阳大战。一方是真正的龙，是为阳，另一方是其势如龙的"龙"，是为阴，双方在旷野之中展开一场鏖战，结果两败俱伤，黑血（玄，天色）黄（地色）血混在一起，遍流田野。孔子在《象》辞中对造成这一不幸后果的原因解释说："龙战于野，其道穷也。"意思是，发生"龙战于野"的原因是由于《坤》阴发展到极盛的地步，要取阳而代之，以致如此。《坤》上六这一生动而鲜明的辞象，是《易》象具有强烈的相斥性能的有力佐证。

阴阳互为消长的相斥关系，也合乎人事的运动法则。人间也有阳（正）阴（邪）互为消长的相斥关系。《剥》卦象征邪气强盛，正气衰退，《夬》卦则象征正气旺盛，邪气衰微。把握阴阳消长规律，便可增强预见性，趋吉避凶，有备无患。如《夬》虽五阳一阴，但有阳消阴长之势，故《象》辞说"勿用取女，"表示对阴长的前景，要多加戒备。又如《临》卦，《象》辞为"元、亨、利、贞"，卦象表示二阳自下而上正在增长，本属吉利之卦，但《象》辞接着又说："至于八月有凶"，情况似乎不妙。这是为什么呢？就是因为周易作者掌握阴阳互为消长的规律，高瞻远瞩，于现状的阳长之中看到未来的阳退，在现状的阴消之中看到未来的阴长，故而提出警诫，要人们存不忘亡，安不忘危，吉不忘凶，福不忘祸。另如《夬》卦，五阳迫一阴，象征正气完全压倒邪气，但上六爻辞却说是"终有凶"，也含有唤醒人们对阳消阴长的未来，保持戒备之意。

此外，与相应关系相反的敌应关系，也反映出爻象的相斥性。初与二、二与四、三与五、四与上之间阴阳相异，是"同志"的相应关系。反之，阴阳相同，则为相对的敌应关系。例如《艮》卦䷳，初与四、二与五之间是阴对阴，三与六之间是阳对阳，都是同性关系。上下相对，不能应合，故谓之敌应关系。尤其是阳爻与阳爻各以刚强之气相对，构成一种敌对关系，谓之"敌刚"。如《同人》九三《象》传说"伏戎于莽，敌刚也。"意思是，九三与九五敌对，惧九五之刚强，不敢正面相斗，只好把军队埋伏在草丛中，观察动静，以待时机。这一类同性的敌应关系，也是《易》象相斥性的表现。

变易作用

前文在《易》名部分和"变"的部分对周易的变易性质作了许多论述。这里再进一步对《易》象的变易

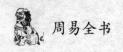

作用作一下探讨。

　　周易的象，大体可分为三大类：一是阴阳八卦乃至六十四卦的图象，这是它的本体。二是以本体的卦象爻象内涵为本而产生的辞象。三是依据八卦每卦卦性卦德所树立的物象，谓之取象。如《乾》以阳性健德而取天象、父象，《坤》以阴性顺德而取地象、母象，等等。这里所说的变易作用，包括这三大类《易象》。在探讨过程中，凡前文业已讲过的，便不再详述，以免累赘。

　　《系辞》说："生生之谓《易》"（《系辞上》五章）"《易》之为书也，……变动不居，……"（《系辞下》八章）孔子这两句话，确切地揭示了周易的精神实质。《易》象的变易作用，正是这种精神实质的体现。

　　《易》象的变易作用表现在卦变、爻变、卦序之变以及取象之变几个方面。

　　《易》象的变易性始于阴阳二象。二象组合生变，生出太阳𣆖、少阴𰂷、太阴𣆞，少阳沬。太阳生一阳成《乾》夬、生一阴成《兑》缯；少阴生一阳成《离》羑，生一阴成《震》锜；少阳生一阳成《巽》偊，生一阴成《坎》赹。太阴生一阳成《艮》韘，生一阴成

《坤》姤。这是两仪生四象、四象生八卦的过程。"生"，表明《易》象的生长变化主要是内在变易性的扩张所造成，不是外力的产物。八卦之衍为六十四卦，也是同样的原由。

在六十四卦当中，卦象变易的显著形式是前文所介绍的覆与变。相覆者，如水雷为《屯》鹊，雷水为《蒙》鹣，水天为《需》鸬，天水为《讼》睭、泽山为《咸》採，覆则成《恒》曤，天山为《遁》陑，覆成《大壮》徬，山泽为《损》稻覆则成《益》鉅。相变者，如《乾》夬之变《坤》姤《颐》堄之变为《大过》瀚，《坎》趁之变《离》羑，《中孚》栢之变为《小过》鹽，等等。《泰》害与《否》跔，《既济》钼与《未济》详两组卦，则既是覆，又是变，兼而有之。覆是两个三画卦覆变所造成，变是卦与卦间阴阳爻反变所造成，这典型地体现出卦象自身变易的性能。

但所谓卦变，大多数场合并不是覆、变之类卦体自身的变易，而是由爻变引起的全卦的质变。《乾》《坤》生六子的卦变情况，就是代表性的形态。《说卦》说："《震》一索而得男，故谓之长男，《巽》一索而得女，故谓之长女；《坎》再索而得男，故谓之中男；《离》再索而得女，故谓之中女；《艮》三索而得男，故谓之少男。《兑》三索而得女，故谓之少女。"索，是求之意。这段话的意思是，《坤》从《乾》求得一阳，取代初爻之阴画变成《震》锜，五画；求得一阳画取代二位之阴画，变成《坎》趑，五画；求得一阳画取代三位之阴画，变成《艮》犟，也是五画。五为奇数，属阳，故《震》《坎》《艮》成为《乾》《坤》所生出的"三男"，属阳卦。相对地，《乾》夬从《坤》姤求得一阴画，取代一阳画以为初爻，变成《巽》傆，四画；从《坤》求得一阴画，取代二位之阳爻，变成《离》羡，四画；从《坤》求得一阴画，取代三位之阳爻，变成《兑》繿，也是四画。四为偶数，属阴，故《巽》《离》《兑》三卦，成为《乾》《坤》父母卦所生的"三女"，属阴卦。这便是《乾》《坤》生六子的卦变理论。六十四卦是否如此变出，姑置不论，从这一卦变的过程中，却可以看到，卦象的阴阳变易是通过爻象的阴阳变易而实现的。

前文所说的十二辟卦，情况也是如此。从《复》到

《乾》六阳卦，变为从《姤》到《坤》六阴卦，共十二变，循环往复，变动无已，和十二节气相配，若和符契。卦象的变易，完全是基于爻象阴阳消长的变易。前文所例举的《临》卦《彖》辞"至于八月有凶"，是指从相当于《临》卦的十二月开始，经《泰》《大壮》《夬》《乾》六阳卦，又转为阴卦《姤》《遁》《否》，前后共八个月。而《否》为天地不交、气机闭塞，是凶卦，故曰"至于八有月凶"。显然，作者是以阴阳互为消长之爻变引起的卦变的观点来看待《临》卦的未来。《复》卦《彖》辞"七日来复"，也有此含义。依《周易正义》说，则"……五月一阴生，至十一月一阳生，凡七月，而云七日不云月者，欲见阳长顺速，故变月为日。"希望阳速长而把月称为曰，未必是作者本意，也不一定合理，但非本文探讨的题目，可以不管它。这里要说的中心问题是爻象的阴阳之性相反相成，互为消长，发生变易，是客观存在的本性。而爻象变易会起卦象变易，乃事所必至。——当然反命题却行不通：卦象变易未必由于爻象变易。

值得注意的是，《易》象的阴阳变易，也反映出事物量的渐变和质的突变。《姤》《遁》《否》《观》《剥》的发展过程，清晰地显现出一阴、二阴、三阴、四阴乃至五阴的量长的渐变。而一旦量长为六阴，立即发生质变，成为纯阴的《坤》。此种演变，以人事言，则表现出邪之量变、渐进，终于突变为大患。所以《坤》初警告说"履霜"勿忘"坚冰至"，要世人防微杜渐，慎终于始。孔子深有感慨，阐释说："积善之家，必有余庆；积不善之家，必有余殃；臣弑其君，子弑其父，非一朝一夕之故，其所由来者，渐矣，由辩之不早辩也。《易》曰："履霜坚冰至"，盖言顺也"（《文言》）。"顺"的意思是因循苟且，随波逐流。对邪恶的苗头不加辩识，而任其发展，最终达到质的突变，而酿成杀君杀父的巨祸。

有的学者认为，周易只有量变的思想而没有质变的思想。这恐怕与《易》象变易的实情不合。显著的例证是《乾》上九辞象的"亢龙有悔"，用九辞象的"见群龙无首，吉"，以及《坤》上六辞象的"龙战于野，其血玄黄"，和用六辞象"利永贞"。"亢"者进也，"亢龙"是一支知进而不知退的盲目冒进的龙象。在《乾》

六爻中、代表阳气的龙，自下而上，经潜、见、乾乾、跃，到五位时，飞上青天，阳刚充盈，志得意满，就应该反身自省，有所克制。倘若肆意猛进，不留余地，则极而必反，突然间发生质变。由纯阳之《乾》变为纯阴之《坤》，由大跃进堕入大跃退，悔之莫及。孔子解释说："亢龙有悔，盈不可久也"（《象》辞）。"穷之灾也"（《文言》）。盈是满贯，穷是到头，盈和穷就是亢龙有悔的原因所在。有鉴于此，用九辞象便劝告说："见群龙无首，吉。""无首"，意为以阳刚处《乾》体，应注意刚柔相济，不可一味地刚强逞先。老子所谓"不敢为天下先"（《道德经》六八章）"物壮则老"（三十章），孔子所谓"用九，天德不可为首也"（《象》辞），"进退存亡而不失其正者，其唯圣人乎"（《文言》）！是对于"见群龙首吉"最好的注释。同一道理，也体现在《坤》卦上。《坤》卦上六辞象为"龙战于野，其血玄黄。"孔子解释说：这是由于"其道穷也"（《象》辞）。是说，《坤》阴自初至上，业已发展到尽头，旺盛到极点，再往前去，势必反阴为阳，质变成《乾》卦，取阳龙而代之。当此突变关头，阳龙当然不肯束手退让，于

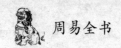
是一场你死我活的战斗必然爆发。结果玄黄之血，流于田野，两败俱伤，下场可悲。为免于这种不幸的发生，故而用六说"利永贞"，劝告《坤》阴，不以盛势侵阳逼阳，要永远保持阴顺之德，要从阳而行，与阳合作，以生成万物和负载万物。对此，孔子的《象》辞是："用六永贞，以大终也。"就是说，固守阴德，把含弘光大的作风坚持到底（"大"指直、方、大的"大"，不指阳大阴小的"大"）。上述《乾》《坤》两例，都表明阴阳两象从量变到质变的变易情况以及应用于人事关系的经验教训。

《易》象变易性最灵活的表现，是在取象方面。依据性质、作用或其他情况，八卦中的每一卦，可以取许多象。仅据《说卦》所载，每卦至少取十二象，多则二十象。如"《乾》为天、为圜、为君、为父、为玉、为金、为寒、为冰、为大赤、为良马、为老马、为瘠马、为驳马、为木果。""《坎》为水、为沟渎、为隐伏、为矫輮、为弓轮。其于人也，为加忧、为心病、为耳痛、为血卦、为赤。其于马也，为美脊、为亟心、为下首、为薄蹄、为曳。其于舆也，为多眚、为通、为月、为

188

盗、其于木也，为坚多心。"如此等等。一卦可取多象，便于多方面反映卦德，卦义，这是《易》象变易作用的一种形式。另外还有一种更为灵活的变易形式，就是取象可以易类。《易》学史上著名的例子是《乾》取龙象，而《坤》取马象。本来，按易占的规定和惯例，如上所述，《乾》取马象以象征健性，或为良马，或为老马，或为瘠马，或为驳马等，并不取龙象以象征其卦德。《坤》则取牛象以表现其顺德，并不取马象。但实际上《乾》却从《震》借取了龙象，而且以六龙时位来反映《乾》天的健德，显然违反了常规。为什么如此？道理何在？这一点，王弼在《明象》中作过阐释，他说："义苟在健，何必马乎！义苟在顺，何必牛乎！爻苟合顺，何必《坤》乃为牛，义苟应健，何必《乾》乃为马！"他这番话的出发点在于论证他来自庄子的"得意忘象"观点的正确，未必能全面解答《乾》象何以舍马取龙的问题，但却给人们提供出一个启示：周易依义依性的取象有一定常规，但常规是活的，不是死的。正如孔子所说："不可为典要"（《系辞下》）八章）。因时制宜，因地制宜，唯变所适。依据这一观点

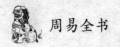
来看，《乾》象取龙而舍马，《坤》象取马而舍牛，虽不合乎周易筮占取象的常规，却不违反《易》象灵活变易的基本精神。并且，具体分析便可看出，《乾》若取马象，虽可一定程度上象征其健性，但无从表现其"元、亨、利、贞"的大德和上天入地、能潜能飞的功能，也不利于喻示圣贤、君子的超凡风貌。唯有取神秘的龙象以为喻，才能达到这一目的。《坤》象之舍牛易马，也是同样的道理。牛象可喻《坤》之顺性，但其愚笨之质，无从象征《坤》随《乾》健行而永不松懈的美德。只有换为马象，尤其是随牡马而健行的贞固不移的牝马之象，最为合适，最利于表现《乾》《坤》合德、生生不已的本性。因此，《乾》《坤》两卦取象的随机应变，涵义很深，是完全合理的。它是《易》象本身内在的变易性能的表现。

《易》象的来源

但奇怪的是，作为一个大学者，朱熹对此却表示难以理解。他在杂著《易象说》中牢骚说："《易》之有象，其取之有所从，其推之有所用，非苟为寓言也。然两汉诸人，必欲究其所从，则既滞泥而不通。王弼以来，直欲推其所用，则又疏略而无据，二者皆失之一偏，而不能阙其所疑之过也"（《朱子大全》册二四）。这个牢骚是有道理的，因为切中汉易穿凿于象数和王弼扫象谈玄之弊。但接下来谈到自己对难题的观点时，却又发出无可奈何的叹息而阙疑了之。他说："且以一端论之，《乾》之为马，《坤》之为牛，《说卦》有明文矣。马之为健，牛之为顺，在物有常理矣。至于案文责卦，若《屯》之有马而无《乾》，《离》之有牛而无《坤》（《屯》由水雷合成，其中并无《乾》天之象。《离》上下皆火，其中并无《坤》地之象——笔者），《乾》之六龙则或疑于《震》（按《说卦》，龙本《震》象——笔者），《坤》之牝马，则当反为《乾》（按《说卦》，《乾》有马象，《坤》则无。——笔者），是皆不可晓者。"对《屯》《离》《乾》《坤》所取之象违反《说卦》规定一节，概以"不可晓"三字，简单了之，而不予追究。接着，他又进一步指责汉人对象义的探求是，"其不可通者，终不可通，其可通者又皆傅会穿凿而非有自然之势。"他认为这种探求是,"上无所关于义理之本原,下无所资于人事之训戒,则又何必苦心极力,以求于此,而必欲得之哉!?"这样一来,他又进一步在"不可晓"的基础上,以政治伦理主义为学术研究划出了"勿需晓"的界限。但另一方面,话锋一转,他又对上述王弼关于《乾》龙《坤》马"假象以显义"的解说,表示支持,认为可"破汉人胶固支离之失"。可是,同时又对王说之"若有未尽者",表示不满。认为王说"以《易》之取象,无复有所自来,但如《诗》之比兴,《孟子》之譬喻而已。如此则是《说卦》之作,为无所与于《易》,而'近取诸身,远取诸物'者,亦剩语矣。"他这一批评的根据是,"……《易》之取象,固必有所自来,而其为说,必已具于大卜之官。顾今不可复者,则姑阙之;……固不必探求其象之所自来。然亦不可直为假设,……"(以上引号内引文皆来自同书同文)。总之,朱熹的看法是,《易》象来源,必有所本,《说卦》所记并不完全,其说法一定存于周代大卜之官的手里,后来逸失,已不可考。后人只要探取象中之意,以为训戒而决吉凶就够了,不必枉费心机，追本溯源。在这一点上，王弼的假象显义说有道理、有好处，但把《易》象看成诗文中的比喻之类，得意忘象，而不论其来源，则是美中不足之处。朱熹认为《易》象有来源，当然是对的，《系辞》中已言之凿凿，合乎《易》理。但他把"有所自来"视为《易》象的比喻同《诗》象比兴之间的区别，则是不对的。《易》象在喻理而《诗》象在抒情，性质不同。至于《孟子》之设譬喻理，则和周易之取象喻理，都是"假设"性质，在喻理的本质上并无二致，只是形式上有所不同，朱熹的说法也是不正确的。不过，朱熹之强调《易》象的来处来由，是和他认为《易》本为占筮书的主张分不开的。因为《易》既是占筮书，其卦与爻的取象，当然和占筮的具体情况有直接联系，也许来自占断的记录。所以他认为关于《易》象的取象变象的原由材料，在卜官手里一定曾有保存，只是后来逸失而已。他这一大段说法，可以归结为：取象变象有来由但不可知，不必深求，汉人之穿凿不如王说之假象观意，但王说以《易》象为假设而欲忘之，则不可以。朱熹这种强调来由和反对假设的说法，显然不符合周易在取象上灵活多变的本

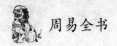

性。王弼的因义变象和得意忘象之说，如若剔除道家玄虚的成分，就事论事来说，可谓非常确当，足以揭示周易取象变易的秘密。

《易》象的根由

总起来说，《易》象大体上具有喻理作用、能行作用、亲合作用、相斥作用和变易作用。其中，喻理作用是在象征性的基础上通过能行、亲合、相斥、变易等作用的交织贯通而具体发挥出来的。如果进一步深挖这些作用的根源，那无疑是在于《易》象"基因"阴阳二象的象征性质和相反相成的关系，在于性质与关系的统一。换言之，《易》象的辩证性是这些作用的根源。如上所述，朱熹认为"《易》之取象，固必有所自来，而其为说，必已具于大卜之官。"《易》象有其来由，有其根据，这是不言自明的。但其说是否具于大卜之官，却不一定。王弼"象以出意说"是正确的，但"得意忘象说"却背离了周易的精神而遁入玄虚。无论是卦象爻象，或卦与爻的辞象，都是喻义明理之象，象是蓄理宝库，不能抛弃。"忘象"则义理衍漫，无所凭依，《易》理深髓也便无从悟得。因此，深入了解《易》象而探索其来由，对体会周易精义，也有帮助。

就《易》象的整体笼统言之，它是所谓圣人经过仰观俯察，从外界获得感性材料而后创造出来的，似乎没有"许多话说"。但就具体的《易》象作具体考察时，情况就非常复杂，无法一一说清楚。阴阳八卦初生时，当然只有卦画之象而无文辞之象，但卦画之取象，自有其来源和情由，并不象占卜符号那么浅薄。如前文所述，关于八卦卦象来源，有气象说、文字说、占筮说、仰观俯察说等等，不一而足。其中，以孔子的仰观俯察说，比较合理。依此说来看，《易》象应是外界事物在作者思维中的概括反映。作者观察宇宙的明暗（或其他景象）而构思成"—"（阳）"—"（阴）二象，成为《易》象的"基因"。在此"基因"的基础上进一步观察大自然而构思成《乾》（天）《坤》（地）《震》（雷）《坎》水《艮》山《巽》（风）《离》（火）《兑》（泽）等八种物象，即八卦的图象。这八卦的图象，完全是仰观俯察而构成的精神产品。后来在八卦卦象基础上经重

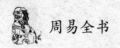

叠覆变而演成的六十四卦，则是以天道为本而囊括人道在内的图象。这简单的图象却涵有丰富多彩的象征意义。仅以阳（一）阴（袴）二象为例，"一"可象征天的清纯，"袴"可象征地的繁多；"一"可象征一头顶天，"袴"可象征两脚踏地；"一"可象征雄类的性器，"袴"可象征雌类的性器；"一"可象征马的强健；"袴"可象征牛的柔顺，如此等等，象征内容宽广多变，却都是"远取诸身，近取诸物，"源于事物。就是一卦之内的天地人三才之象，也不止是来自象数的形式分析，而是以象数的客观根源为基础，有其丰厚的象征内涵。其他爻位之象、内外卦之象、中正之象、互卦之象、比、应、承、敌等象，都是有形有义，归根结底都是天人之道的象征。

《易》象种种

《易》象种类繁多，古人归纳为：八卦之象、六爻之象、爻位之象、反对之象、方位之象、互体之象等七种。实际上不止这七种，这七种是静态的象，至于动态的象，如卦序的"覆"象"变"象，十二辟卦的阴阳消长之象，《乾》《坤》生六子之象，都没有明确地包括在内。

周易的象，大别之，也可分为三类。第一类是画象，即阴阳八卦的卦画之象，可称为本象。第二类是辞象，即因卦象之义而缀上的卦名之象和因爻义而缀上的爻辞之象，统称为辞象。辞象的性质、特性、作用等前文已经详述，兹不再赘。第三类是据卦形卦义而取立的一卦多象。如《说卦》所记，《乾》为天为君父为金为玉等等，可以十四种东西作为其性质的象征。其他七卦，取象也都超过十种。据统计，全文所举卦象共计一百一十二个。后代传承过程中有所逸失，《释文》引汉入荀爽《九家易集解》本较通行本多出三十一个，也许原本所举卦象为一百四十三个。

在《易》象之中，最难解释的是这类卦象。当然，一卦多象的原故尚不难理解，这是由于象征的性质所致。在假象喻义时，旨在喻义，象为喻义的形式，为喻义恰当、方便，同一意义在不同的场合灵活取象，甚至改换物象，也无妨碍。因此，马牛二象在象征《乾》健

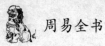

《坤》顺的德性时，不如龙马更适当，更有精神，便从《震》《坎》分别借用龙马二象，以为《乾》《坤》德性的象征。在这一点上，喻理的《易》象和抒情的《诗》象，根本不同。《诗》象是反映生活的艺术形象，与内容溶为一体，是"只有这一个"的唯一形象，不是喻理的象征，所以不能多，不能换。例如《诗》首篇以"关雎"起兴，喻求爱之情，却不可易为他鸟。倘易为鸳鸯之类，则显泛昧。关于周易辞象与《诗》类艺术形象的具体区别，后面文辞部分将作详述，此处从略。至于八卦各卦本象（卦画之象）所取所扩之象，其立象义据何在，《说卦》未作说明。《说卦》所列举之象，有些并未见于六十四卦经文，原因已无从察考。所以朱熹所谓"其间多有不可晓者，求之于经，亦不尽同"，是符合实情的。

不过，一卦多象的具体背景，虽不见经传，但从周易本体的象数义理关系进行探索，其中有一些也可窥见概貌。仅以《说卦》所记《乾》《坤》为例，试作考察。

《乾》卦本象为夬，象天的清纯之阳气，天是

《乾》卦本象。据本象的体性而衍展为其他十三象。天形为圆，故为"圜"象。天为万物之主，故象一国之主的君、一家之主的父。天为阳性，刚健尊贵，故以玉金等坚而且贵之物象之。按八卦方位，《乾》居西北，西北寒冷，故《乾》象为寒、为冰。《乾》天为纯阳，纯阳为大红色，故有大赤之象。天行健，故以良马象《乾》。马长行而不息，终成老马，故老马亦成《乾》象。长行之马，身体过劳，或成瘦马，故《乾》也可取瘦马为象。良马衰老，毛色退变，成为杂毛之驳马，也便立为《乾》象。天上有星，星如木果，故木果遂成《乾》象。

《坤》卦本象姤，象征大地的丰厚多样。其他十二象皆自本象衍出。大地生殖万物，如同母亲，故象之以母。地性柔顺，如同布帛，故《坤》有布象。《坤》地属阴，其本象中虚，犹如锅釜之象。阳大阴小，阳性慷慨而阴性吝啬，《坤》属阴，故有吝啬之象。大地生万物而无偏私，故象之以"均"。牛性柔顺，犹如地性，故子母牛为《坤》象。大地载物，如同大车，故为大舆之象。大地生万物，千姿百态，富于文彩，故有"文"

象。大地生物，其数无量，故象之以"众"。万物倚赖大地，大地是万物的根基，故《坤》有"柄"象，"柄"义为本。大地泥土为黑色，故以"黑"象《坤》，等等。

以上是关于《乾》《坤》多象原由的一种解释，其他卦的多象问题，也可作出与此大致类似的分析。这种解释和分析，未必完全合乎原义，但由此却可体会到《易》象的多象、扩象乃至换象，并不是随意而为，是有一定根据的。至于为什么需要这样作，却是一个关乎周易本质值得深入探究的问题。

扼要地说，《易》从阴阳二象初生到六十四卦象形成，根本是一个图象（卦象）的体系。它凭借图象的象征作用来反映《系辞》所谓"万物之情"和"冒天下这道"，可以说它是一个宇宙（天）社会（人）基本架构的"缩影"。但这个"缩影"的时空条件却是有限的，六十四卦三百八十四爻包括辞象在内，只是个狭小的时空场地，而它所要反映的天人对象，却是一个无限的时空综合体。在有限的《易》体和无限的世界之间，存在着极大的差距。想要在六十四卦三百八十四爻的范围内，"弥纶天下之道""神以知来，智以藏往""类万物之情""广大悉备"（以上括弧内皆引自《系辞》），就势必要对《易》象的象征手段给以相应的灵便性和衍申性，以扩大其蓄智、达情、推理、彰往、察来、微显、阐幽等作用，从而在假象喻义，宣扬哲理之际，或在占筮之际，分析卦情时，便于凭借灵活多样的物象对现实问题或未来事情的复杂情况，作出相应的分析和推论。这是《易》象象征性的灵活表现，也是《易》象实用需要的表现。看看下面的实例，便可悟到其中的究竟：

（一）《师》卦，卦象为祐，上卦为《坤》，下卦为《坎》。师是军队的意思。《周易集解纂疏》引服虔《左氏解谊》谓：此卦"《坎》为水，《坤》为众，互体《震》（二、三、四爻成《震》——笔者），雷，鼓类，又为长子，长子帅众鸣鼓，巡水而行，师之象也。"以《坎》为水、《坤》为众、《震》为雷、为鼓、为长子诸象来解释《师》卦之所以象征军队。

《彖》辞对《师》卦象，以"刚中而应，行险而顺"加以分析。同书引干宝之言加以阐述，说："《坎》

为险，《坤》为顺，兵革刑政，所以险民也。毒民于险
中而得顺道者，圣王之所难也。"这是又从《坎》为
险，《坤》为顺为民的角度象征性地阐释君主督率民众
去干危险而顺乎道义的军事行动。

《象》辞则直接以"地中有水"来解释《师》象。
对此，同书李道平疏谓："《坎》为水，《坤》为地，
《坎》之一阳，又居《坤》内，是地中有水之象也。
……《晋语》曰："《坎》，水也，众也。是《坎》亦为
众也……《坤》之众，以散为众者也，水之众，以聚为
众者也。水聚于地中而为众，犹兵聚于民中而为师，此
'地中有水'，所以取象于《师》也"。这一疏解，又把
众象也加之于《坎》。（按《说卦》，《坎》无众象），以
便于用地下水既多且聚来象征众民（《坤》为民）聚而
成《师》。

《象》辞又说："君子以容民畜众"。这是孔子从地
中有水这一《师》象中得到的启示。意思是，《坤》为
地，地广故能容物，地为母，亦能养物。水容于地，民
也容于地，众水众民，皆由大地蓄养。君子应仿效地中
有水的《师》象，容民畜众。实行"用众，恤众，简

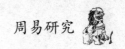

众，任众，合众"的仁政。

从上述关于《师》卦象征意义的阐述中，可以见到周易取象灵活多样的雏形及其功能。为阐明《师》象之所以为师及其政治哲理意义，不能不采取一卦多象和扩象的手段。《坤》取地、民、众、顺、养等多种象义，《坎》在水象、险象之外，又扩增众象，为强调军事气氛，还利用互体的《震》为雷，附会行军的鼓声，如此等等，共取象达九种之多，才得以透彻地阐明了《师》象的内涵。上文所引，虽是后人的分析和阐释，但却是依据《易》象象征性原理与惯例而作出的，并非加外的杜撰。周易作者把地水合象的卦，名之曰《师》，大抵也是以上述的象义关系为依据，这一点《师》卦整个卦爻的辞象，足以为证。前文叙过，勿须赘述。

此外，在占筮时，取象的灵活多样，也是解卦之所必需。下例可见一斑：

"初，毕万筮仕于晋。遇《屯》之《比》。辛廖占之曰："吉。《屯》固，《比》入，吉孰大焉。其必蕃昌。《震》为土，车从马，足居之。兄长之，母复之。众归之。六体不易，安而能杀，公侯之卦也。公侯之子

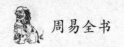

孙，必复其始。"《左传·闵公元年》

这段历史是说，毕万将为官于晋国，以周易占问前途，得到《屯》卦。初爻阳动变阴，成《比》卦。辛廖解释说，《屯》卦象义是固居，《比》卦的象义是亲合，亲合而固居，所以是大吉。同时，《屯》象是上《坎》下《震》，《比》象是上《坎》下《坤》，《屯》变《比》是《震》变《坤》，《坤》为土，所以是《震》变为土。《震》为车，《震》又为足，变《坤》则有足居于土上之象，《震》又为长子，能尽兄长之义，《坤》为母，能抚育爱护。《坎》为水为众，水附于地为《比》，故有众人归附之象。总之，这是前途蕃昌的公侯之卦。辛廖的推论，是以卦象的灵变多样及其相互关系为依据的，他以《屯》《比》的象义为本，运用《坎》为水、为众、《震》为车、足、长子，《坤》为地、为马、为母等多种物象及其相互联系来推论，作出前程"吉孰大焉"的占断。其取象扩象及以象征手法联系事理而展开推理的作法，和前一例是完全一致的。可见，无论是作《易》解《易》占《易》，也无论是挖掘义理或者钻研象数，都必须把周易取象、扩象、换象之

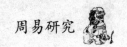

灵活性多样性放在视野之内，否则必将寸步难行。

最后，还可以补充一点，即所谓虚象实象问题。简言之，《乾》天《坤》地《震》雷《坎》水《艮》山《巽》风《离》火《兑》泽等八卦之象以及水雷《屯》、山水《蒙》、水天《需》等等，象征实物者为实象。而地山《谦》之山入地下，风火《家人》之风自火出，《困》九四之"金车"，《鼎》上九之"玉铉"之类，无其事、无其物，出于虚构，是为虚象。但此实象虚象，与文艺之写实与虚构性质迥异。文艺之写实与虚构，指反映生活的形象，而《易》所谓实象虚象者，乃出意的象征，以喻理为主旨，只要能喻理，则拟构虚象也未为不可，不能喻理，则纵为实象也无济于事。虚象实象可以齐头并进，正如多象、扩象、变象互不扞格一样，都是《易》象本性象征性和灵活性的体现。

由上述可见，《易》象是以图象和辞象象征性地反映宇宙万事万物情态和义理的范畴体系。这一体系是个能动的有机体，灵活多样，变动不居。它不是简单的兆示定命吉凶的图象，而是储藏天人之道的图象宝库，它也为占事察来提供推理的依据。

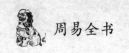

辞生于象

依孔子的认识，周易有"圣人之道"的四大内容：辞、变、象、占。在卜辞及其他占术中，辞只是贞问的直接回答：吉凶祸福成败利钝，辞语简单明了。而在周易来说，文辞却极其纷纭繁杂，深奥难解。其中属于占断的术语只占极小一部分，绝大部分是对卦象爻象涵义变义的曲折而模糊的表达。伴随卦爻象涵义的渊奥，变义的微妙，加上表达方式的曲折隐晦，周易的文辞便形成丰富多彩的迷宫。

关于周易文辞的来源和功能，孔子讲得很好。他说："书不尽言，言不尽意。……圣人立象以尽意，设卦以尽情伪，系辞焉以尽其言，……"（《系辞上》十二章）。

大意是说，文字不能完全表达语言，语言不能完全表达思想。圣人画出形象，借以完全表达内心的思想，建立卦象，借以完全表现事物的真伪，再加上文辞，借以完全表达想说的话语。简言之，就是以文辞帮助卦象来完全表达周易的内涵。可谓象以出意，辞自象出。孔子又说："八卦以象言，爻《象》以情言"（《系辞下》十二章）。"圣人观象系辞而明吉凶"（《系辞上》二章）。爻是指文辞，《象》是指卦辞，意为八卦以卦象表示卦义，卦爻辞则以语言表达卦爻象的内含情意。作《易》的圣人观看卦象（包括爻象），开发其中的涵义而加上文辞，用以明显地表达卦象的吉凶之情。这是孔子对《易》辞来源及其功能的主要观点。

对此，王弼的阐释比孔子更明白，更具体清楚。他在《明象》中说："夫象者在意者也，言者明象者也。尽意莫若象，尽象莫若言。言生于象，故可寻言以观象。"由此观之，要想了解《易》象的内蕴，除观象之外，还必须对文辞加以探索。

另外，司马光又依据自己的体会作了补充，他认为："八卦成列，以尽天下之象。因而重之，变化备矣。犹得与众共之，故圣人复系以爻象之辞，明言吉凶以告"（《易说》）。他的意思，用今天的口语来说，就是周易的六十四卦卦象，已经具备天下万事万物的情理，但还不能与大众共同享用，也就是说，一般人看不懂。

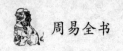

所以作者又加上文辞，以阐明其吉凶的情意，告知读者。司马光这一关于文辞功能的体会，其实已经包含在孔子关于辞表象意的观点之内，只是略加展开而已。总之，由此可以大致看到象为辞母，辞由象生，辞以明象的根由。并可以约略想见，象义深而体多变，辞随象动，以致繁杂多歧，若明若暗，较之其他占书的文辞，繁杂而难解的缘由。

精义入神的观象系辞

以阴阳二象为基因，以八卦为基础而推演出来的六十四卦、三百八十四爻的卦爻象，是一个有条有理、整然有序的浑然一体，从先后天六十四卦方圆图上就可以看清这个有机象体的全貌。但与此相反，其卦爻辞却呈现出一幅似乎杂乱无章的情景，纷然陈列，尤如一桌盛大的宴席，形形色色的肴馔之间没有什么内在的联系。不过，这只是表面现象。深入内部观察就会发现，众多纷杂的卦爻辞的背后，却以象为纽带而密切地连结在一起，象的统一性暗地里制约着辞的统一性。所以，要想

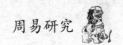

彻底认清辞义，必须结合象义进行钻研。

举例来说，六十四卦的开端为《乾》《坤》两卦，其余六十二卦都是《乾》《坤》爻象所生。继《乾》《坤》之后，是表现阴阳始交的《屯》卦。《屯》的卦象是上雷下水，全名《水雷屯》，象征雨水滂沱，霹雷阵阵；这是混沌初开，天地剖判，上险（坎）下动（震），苦难重重的景象。据此卦象，作者便将此卦命名为《屯》。屯字为象形字，是艰难的意思。《说文》云："屯，难也，象草木之初生，屯然而难，从屮从一。一，地也，尾曲。"草木初生，幼苗从地表穿出，尾部尚卷于地下勾而未舒。初生初长，艰难困苦。但它坚决向上，确乎不拔，生命力极强，这是屯字形象的含义。用这个字为刚柔始交、雷雨满盈、阳动于下，天造草昧、万物始生这样的景象命名，实在是无比妥恰。在人类语言中。恐怕找不到另外更合适的单词替代屯字来集中地表达此种始生初创的景况。三千年前作者观象系辞的智慧和本领，使我辈后人不得不击节赞赏，叹为观止。除非是睿智出众的圣哲人物，否则不能有如此高超的才能，卜史占师之辈，绝对不会有这样的大手笔。

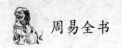

周易作者以一个屯字勾摄了水雷卦象的灵魂。然后依此缀写了卦辞："屯：元、亨、利、贞。勿用有攸往，利建侯。"

卦辞通贯着卦名从卦象中勾取的灵魂。元为始为善，亨为通达。《屯》的卦象表示阴阳始交，万物才得以生长，不交则不生，所以阴阳之交与万物之生为善，而始交始生又是众善之首，是为最善，故而名之曰"元"。《屯》既是《乾》（阳）《坤》（阴）始交而万物初生，为善之首，所以虽处于上险下动的困难之中，十分脆弱，但坚韧向上的生命力却是绝不畏缩的。它必将排除险阻，打开生长的道路。在前途无量的意义上，名之曰亨（通）。其中关键在于，幼苗能保持锲而不舍的精神（贞），作者如此点明了大自然发展的规律。这种意义引申于人事时，对创业者来说，要想事业大有发展，如幼苗之茁壮生长，关键在于保持正直而坚固（贞）的毅力，不畏艰苦，努力向前。这样做，才有利于体现"元、亨"的精神，这就叫作"利贞"。这样，作者又以"元亨"表达《水雷屯》卦的卦象和卦名的涵义，并予以阐发，以"利贞"二字表示劝勉与叮咛。

可是，处在这种创业伊始，虽有雄心壮志，生气勃勃，毅力坚强，但毕竟充满困难而动荡不安。这时期应该着重注意什么？主要的活动应该是什么呢？作者继续按《屯》卦的卦象与卦名的涵义，结合人事经验，提出了告诫："勿用有攸往。"直译为"不宜有所前往"。但《易》辞多富引申义，多为小中见大，故而不宜前往就是不宜行动之意，并不限于行路。同时，此句在《易》辞中只出现两次，另一次是《遁》卦初六爻辞"遁尾厉，勿用有攸往"这种句式和"不利有攸往"轻重不同。"不利有攸往"是说"不宜于行动"，而"勿用有攸往"则是说"不可轻易行动"。《屯》卦卦辞的"勿用有攸往"，是作者依据卦象卦名所显示的万物始生的险难环境，结合人事创业的艰苦经验而提出的劝诫，嘱咐处于《屯》卦境况下的创业者，务必特别注意一条规律，就是凡事要深思熟虑而后行，不可轻举妄动。那么，在创业时期主要应该致力于什么呢？周易作者又依据历史经验指出一条规律："宜建侯"。这句话从字面上讲，是：利于建立侯王（君主）"。但如上所说，按《易》例，《易》辞义多小中见大，富于衍申性。"利建

"侯"云者，不仅指建立王侯，而是指建立制度、秩序、组织等等，也就是要为始创的事业建立管理的组织，以为稳固的基础。如此这般，周易的作者设卦观象，精义入神，提炼象义，而以"屯"字命名，然后又据此添加天人之道（即自然规律与人事规律）的知识，作成卦辞。可谓：名不离象，辞不离名，辞以明道，道以辞显。象、名、辞、道浑然一体，于是《屯》卦之哲理遂跃然纸上。卦名卦辞大约就是这样创作出来的。

卦辞的专名叫作《彖》又叫《彖》辞。《彖》是断的意思，《彖》辞之意就是对一卦主旨作出论断。王弼所谓"夫《彖》者何也？统论一卦之体，明其所由之主者也"（《明象》）。就是这个意思。正由于卦辞说明了全卦的主旨，"统之有宗，会之有元"，所以全卦上下六爻，"繁而不乱，众而不惑"（同上）。卦辞的这种功能，类似文章当中统帅全篇材料的主题思想。

仍以《屯》卦为例，看看爻辞的情况。

如上所述，《屯》卦卦辞的主旨是点明屯难情景，提出处屯之计。"元亨"讲大有可为，"利贞"讲正确对待。要点是不可轻举妄动，要站稳脚跟。六条爻辞则分头通过具体的爻象而一一体现这一中心思想。

下面让我们观察一下《屯》卦爻辞的全文。初爻讲"盘恒（徘徊），利居贞（利于守正而居），利建侯（利于建立根基）。"（括弧内为译语）二爻讲"屯如邅如，乘马斑如（上马下马，徘徊彷徨）。匪寇，婚媾（不是掠夺，而是求婚）。女子贞不字（女子守正不嫁），十年乃字（待十年后再议婚嫁）。"三爻讲："即鹿无虞（追鹿而无向导），惟入于林中（只有陷入大森林中）。君子几（君子见机行事），不如舍（不如放弃）往吝（硬要去必导致惜恨）。"四爻讲："乘马斑如（上马下马，欲进又止）求婚媾。往吉，无不利。"五爻讲："屯其膏（屯其膏泽）小贞吉（小心稳步前进，吉）大贞凶（大步前进，凶）。"上爻讲："乘马斑如（乘马彷徨），泣血涟如（血泪涟涟）。"

在上引《屯》卦爻辞中，初爻说"盘恒"，二爻说"斑如"，三爻说"往吝"，四爻说"斑如"，五爻说"小贞吉"，上爻又说"斑如"。综合起来，六个爻辞的共同思想是小心谨慎，稳步前进，都体现出卦辞所谓"勿用有攸往，利建侯"这样的主旨。虽然各爻的辞象

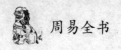
不同，但贯通其间的主题思想却是一致的。这种情形，很象一篇文章的各个段落分别以不同的具体内容蕴涵共同的主题思想。

周易六十四卦卦爻辞，都是如此精义入神；卦象卦辞爻辞表面上纷然杂陈，骨子里则相互呼应，融合无间。这是一。其次，文辞内涵，深而且厚，探索玩赏，意味无穷。既表象义卦情，又合天人之道，既有立身行事之计，又含劝诫之教。在此基础上，同时也显示出占卜之用：合起来共有这样五层内容。《屯》卦的文辞如此，他卦大致亦然，可以类推。和其他占卜书以测事为始终的单一肤浅的文辞比较一下，周易以义理为主的哲学性质，昭然若揭。这一点，下面还要细说。

辞象的基本功能

喻意明理是辞象的基本功能。

王弼在《明象》中讲象的功能，认为"象者出意者也。"他在这里所说的象，当然直接是指卦爻的象。但这句话的意思，从客观上也可加以衍申：使"象"突

214

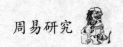

破图象的范围，把文字所构成的形象（辞象）也包括在内。文字形象当然也具有表意功能。

一般认为，周易最显著的特点是假象喻意：以比喻的方式，借辞象之形义，表卦爻之象义。

所谓辞象，是指用形象化的文字所描绘的生物形象、生活形象和精神形象等。周易的文辞，主要是爻辞，其中充满了这样的辞象，作者就是运用这些辞象的喻义功能来表现卦爻象的寓义。

周易的辞象五花八门，丰富多彩。有比喻、隐语、借代、寓言、故事、铭言、诗歌等等，大体可归纳为人物象、鸟兽象、器物象、事象、活动象、艺术象等五类。例如：以君子之象表《谦》卦卦象所含的谦德（人物象）；以牝马之象表《坤》卦卦象所含的顺健之性（鸟兽象）；以黄裳之象喻《坤》卦六五爻象所含的柔居高位的美德（器物象）；以"素履往"之象喻《履》卦初爻之象所含的初涉世事应保持朴实本色之义（动象）；以"栋桡"（屋栋弯曲）之象喻《大过》卦九三爻象所含的在阴气过盛的环境中过度刚强，会造成弯曲，以致倒塌之义（事象）；以"鸿渐于磐，饮食衍

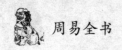

衍"（鸿雁渐进到水边大石处，且饮且食，十分和乐）之象喻《渐》卦六二爻象所含的，阴爻居阴位，柔顺而中正，上有九五爻相应合，安安乐乐、稳步渐进之义（艺术象），如此等等，为数甚多。这些表现人物、鸟兽、器物、事物、活动、以及艺术性的辞象，都是作者用来喻示思想和道理的手段。

诗象与诗歌性质不同

周易的辞象含有不少诗歌，可称为诗象。诗象与一般辞象不同，除喻理表意之外，还有表情的作用。另一方面，诗象又和一般诗歌不同。虽然有些诗象，形象鲜明，音韵铿锵，艺术性很高，甚至不次于诗经的作品；但从性质上看，都不是作为反映生活的独立自足的艺术作品而存在，它只是被借用来喻理表意的手段。它的特殊功能是给卦爻象中引发出来的抽象的义理戴上可感性的花冠，从而加强喻理表情的作用。这是在论理场合诗歌形象所具有的特异功能。这一点，我国古人深谙其妙。春秋时代外交会上的"赋诗言志"，就是显著之例。

如《左传·僖公二十三年》记载，晋公子重耳外逃过秦。秦穆公设宴欢迎。席间重耳赋逸诗《河水》，以河水朝宗于海之象，比喻秦国胸怀宏大，能容纳天下来归的豪杰。穆公则赋诗《小雅·六月》，以尹吉甫辅佐周宣王战胜猃狁的故事，喻示重耳返回晋国后必能建功立业。这里所赋的《河水》和《六月》虽是原诗，但所取的不是原义，而是一般意义，属于客观意义的范畴。赋诗多取首章，叫作赋诗断章。在外交场合以诗喻意，既有礼貌，又有文采，在语言上还有灵活性，便于转圜。另外，在论说文内或说理当中，古人也经常引用诗歌的形象，喻理表意。这种作法，俯拾即是。例如荀子在《儒效篇》中借用诗经《大雅·文王有声》第六章"自西自东，自南自北，无思不服"（思是语助词）这一歌颂文王政治威望的诗句，来赞扬为人师表的儒者受到各方的崇敬。这也是借诗明理的一种形式。和赋诗言志一样，在先秦时代曾经形成一种风气。

这种借诗喻志的表现手法，最早不一定始于周易。但如此自觉地精心地大量使用这种手法，应该说，始于周易，因为周易是中国最早的成型著作。

因此，周易辞象中诗歌的取譬，与诗经以及其他诗歌的比兴，形似而实异。不过，有些学者对此却缺乏清醒的认识。李镜池先生在《周易筮辞考》中就曾申明："周易中也有比兴式的诗歌，我们解释时也要用着诗的眼光来看它"（《周易探源·周易筮辞考》）。章学诚先生在《文史通义》中也说过："……《易》虽包六艺，与《诗》（诗经）之比兴，尤为表里"（转引自《管锥编》，见下）。他们都把诗经中的诗和比兴作用，同表现周易卦爻象义理的辞象之一的诗及其比兴作用等同看待。对此，钱钟书先生却持不同观点。他认为《易》象与诗象"貌同而心异，不可不辨。"他分辨的理由是：

"《易》之有象，取譬明理也，所以喻道，而非道也"（语本《淮南子·说山训》）。求道之能喻而理之能明。初不拘泥于某象，变其象也可；及道之既喻而理之既明，亦不恋着于象，舍象也可。到岸舍筏，见月忽指，获鱼兔，而弃筌蹄，胥得意忘言之谓也。词章之拟象比喻则异乎是。诗也者，有象之言，依象以成言；舍象忘言，是无诗矣。变象易言，是别为一诗甚且非诗矣。故《易》之拟象不即，指示意义之符（sign）也；

《诗》之比喻不离，体示意义之迹（icon）也。不即者可以取代，不离者勿容更张。王弼恐读《易》者之拘象而死在言下也，《易略例·明象》篇重言申明："故言者所以明象，得象而忘言；象者所以存意，得意而忘象。……然则，忘象者乃得意者也，忘言者乃得象者也。……是故触类可忘其象，合义可为其徵。义苟在健，何必马乎？类苟在顺，何必牛乎？爻苟合顺，何必《坤》乃为牛？义苟应健，何必《乾》乃为马？盖象既不即，意无固必，以羊易牛，以凫当鹜，无不可耳。如《说卦》谓《乾》为马，亦为木果；《坤》为牛，亦为布釜；言《乾》道者取象于木果，与取象于马，意莫二也；言《坤》道者取象于布釜，与取象于牛，旨无殊也；若移而施之于诗，取《车攻》之'马鸣萧萧'，《无羊》之'牛耳湿湿'，易之曰'鸡鸣喔喔''象耳扇扇'，则牵一发而动全身，着厘之差，乖以千里，所谓不离者是矣"（《管锥编》第一册《周易正义二七则·乾》）。钱先生不同意把《易》之诗象同《诗》之诗象混为一谈，说前者是取譬明理，拟象"不即"；后者是依象成言，比喻"不离"，基本揭示了两者的歧异，但论述不够充分、严密，也有值得商榷之处。对《诗》象即而不离的根源，仅以（icon）（图象）作解，似嫌不深不足。似应补充说，诗之所以不离象，是由于它是生活形象与思想感情形象的统一反映。既非体现义理的图象（体现义理的图象即体现概念的形象，不是真正的艺术诗），也非喻理的工具。这样从文艺科学的理论上深入论述，才能从根本上阐明，诗与象之间如同肉体与灵魂的关系一样，无可分离。另外，依据王弼"得意忘象"之说，认为《易》象不即而可变。基本上合乎《易》之诗象取譬明理的本性，但并不能涵盖全面。王弼的忘言忘象说，是以《老》解《易》的产物，有道理，但不全是。就读《易》和解《易》来说，理想的境界自然应该是忘象，不为象累，但作《易》者为喻理而取象时，却不能不精心选择，以求喻理确当。《易》中的辞象，包括诗象，成书时即已与卦爻象内在意义融为一体，无可更张。《易》之卦象、爻象、辞象三者早已铸成一有机整体，动一发则波及全身，换一象则影响全体。例如，《乾》卦的龙象以及六龙时位的动象，在喻示君子之德及其应付时位变迁之道上，无比恰当，绝不容变更。以牝马奔走之象喻示《坤》卦之顺健的德行，也是天衣无缝，恰到好处，无可更改。经王弼的笔法来说，可谓：马虽健义，《乾》健非龙莫属；牛虽顺性，《坤》顺非马不当。其他卦爻的辞象，莫不如此，诗象也不例外。例如《中孚》卦，卦象鷞为上下四个阳爻，中间夹两个阴爻，外实内虚（阳实阴虚），是表示虚心而诚实之象，这是卦象的主旨。其中九二爻以诗为爻辞。诗曰："鸣鹤在阴，其子和之；我有好爵，吾与尔靡之。"这是众多爻辞文象中最美最富艺术性的小诗。形象鲜明，意境优美，感情充盈，辞句简练，音韵铿锵。有人说把它混入《三百篇》（《诗经》）中，可以乱真。当然这是单独就这首诗本身的情况而言。至于插在《易》象的爻辞当中来说，那却尤其别论。这首诗缀在《中孚》卦九二爻上已经丧失其作为艺术品的独立自足的地位。它从属于九二爻，成为喻意明理的辞象。读它时，必须联系《中孚》卦象的主旨和九二爻象的涵义以及九二爻与九五爻乃至其他四个爻象象义的关系，才能真正看清它的意义和作用。具体地说，九二以阳刚之性处于内卦之"中"，相对地，九五也以阳刚之性处于外卦之"中",都占有最好的爻位。阳刚象征内心的诚实,"中"表示不过亦不及,恰到好处。二五爻之间的三四两爻为阴爻,其中空之形,象征内心的谦虚。双方配合起来,表示谦虚而又诚实,正符合卦名《中孚》(心中诚信)的象义。这样在充满诚实而又谦和的气氛中,处于三四两阴爻之下的二爻,便自然地以安乐和谐的心境自下而上,与上边同类同气的五爻互相呼应,互相唱合,以抒发其互相信赖的思想感情,这表示至诚之声会呼唤来至诚的回音。这就是《中孚》卦二爻爻象的含义。这么深沉幽微的象义如何表达呢?写成表叙的文辞,要一大堆,而且只能叙其大意,却无法尽达其微妙的情意。对此,作者采取了以诗象喻示情理的手法,缀上了这样一首小诗(谓之歌也可)。仔细玩味,这一诗象不但充分体现了爻象的内涵,而且"状难言之情,如在目前"(如:二爻处于三四爻二"阴"之下,诗则以鸣鹤在"荫"表之,等等)。可谓天衣无缝,鬼斧神工。此一诗象,不可改换,换成其它诗文,则爻象之情义便无从完满地表达。即此实例,也可见《易》象可变可换之说,只能是适应《易》象局部的特称判断,而不

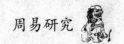

能是放之《易》象而皆准的全称判断。

但必须再一次着重说明，这首诗无论如何美好，在《中孚》卦里也只是喻理的材料，依附于二爻之象，并非独立自足的诗歌。对于它，不能象章学诚先生那样，看成"与《诗》之比兴，尤为表里。"更不能象李镜池先生那样，"解释时用诗歌的眼光来看它"。钱锺书先生说这类东西是"取喻表理"，是完全正确的，但钱先生接着又认为"《易》之拟象不即，在于它是指示意义之符（sign）。符是符号，本身除符号之义外，没有他义。符号如代数的 x、y 之类，可以随机而变更。这可谓之《易》象符号说。但笔者认为此说欠妥。因为《易》象与符号，貌似而实异。约言之，象亦有义。从《易》象的本体来看，阴阳八卦之象，大有意义，是《易》的外形，也是《易》的灵魂，不可变更。变之，则《易》或几乎息矣。故此，《易》象和符号的基本性质根本不同，不能笼统地说《易》象是符号。但另一方面《易》卦之拟象（取象）又有一定的灵活性，如乾为天、为君、为父、为马、为王、为金等等，解卦时可随机取象，不足时，亦有别拟之例。但即便如此，所取之象也

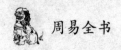

有形有义，与空洞的符号性质不同。如果需要从符号的角度来看它用它，或者也可以说，它是一种有形有义又有灵活变动性的特殊的符号。

辞象的表意功能超过文辞

这里碰到一个问题：同一般的图象和文辞相比，辞象在表意上有何特殊的优越性。

前面说过，孔子认为《易》之用象是由于"书不尽言，言不尽意。"所以"圣人立象尽意。"王弼也持这种观点。以今天的认识来看，这种观点对是对，却有所不足。一是纵观世界上古时代，亚欧的文风有所不同。古希腊哲人的著作虽也使用以象明意的手法，但较之中国先秦时代哲人的著作却少得多。例如亚斯多德的《形而上学》之类，全面看来，是一种细致分析和详尽阐述的文风，和中国先哲论著（包括口述与写作）普遍以象喻意的文风，显然不同。这是历史、民族与语言的差异所致，不能完全视为作者的创意。二是立象尽意的尽字，作"力求尽之"解则可，作"穷尽"解则不可。

因为，谁也无法界定象意的范围。一般简明的象意尚可穷其边界，如"水能载舟，亦能覆舟"之象意，可以穷尽其意域，但就深奥的象意如周易者，情况就不同了。其中不少象意的探讨与争辩，搞了二千多年至今尚无定论。简单的例子，如《临》卦九二爻"咸临，吉无不利"孔子认为它的象义是"未顺命也"。究竟是在什么意思上说九二爻象具有此义，易学界尚无共识。朱熹说"未详"（《周易本义》），金景芳也只好说"今存疑"（《周易全解》164页）。由此观之，立象尽意云者，也不过是尽量出意而已。三是，重大的象意的深度，高度和广度，其范围可能无法界定，不但旁观者界定不了，恐怕连作者本身也搞不清楚。圣人作《易》时，由于语文无法表达深奥微妙的作意，故而立象，以求尽意。但所尽之意，只不过是作者"自觉"到的意而已，至于象的本身，它还在作者之意以外，"不自觉"地显示它自己的"意"。约言之，象意之中既有作者的主观创意，同时又含有自身的客观意义。客观意义不等于主观意义，它是作品的一般意义和社会意义，比如《易》学发展的"两派六宗"主要就是它的客观意义的发展，绝非

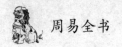

作者始料所能及。故此周易的卦爻图象和解图象的辞象，能在多大程度上使读者确切体会周易的创作意图和客观意义，乃是一个难解的疑问。这也可以说是"立象尽意"的局限性。

但是，从表意功能来看，文辞的具体性毕竟大大胜过图象的抽象性，王弼所谓"尽象莫若言……象以言著"（《明象》）的"言"，就是指卦爻辞说的，其中除叙述辞和占断辞之外，都是形象语言所构成的辞象。这样，抽象的卦爻图象加上具体的文辞形象，双象合作，就可以更好更具体地表达周易的内在意义和客观意义。

可是，这里又出现一个问题：既然"尽象莫若言……象以言著"，那么可不可以使用直叙的文辞来解释象义？何必使用罗嗦的形象文辞来表现象意呢？为回答这个问题，又得返回到孔子说的"言不尽意"上去。

从语言学的道理上说，语言是抽象的，事物是具体的，抽象的语言不能完满地表现具体的事物。这个道理，德国哲学大师黑格尔在《美学》中讲得很清楚。孔子为时代所限，能讲其当然，而不能讲其所以然。但在这一点上，形象化的具体语言，却比普通的直叙语言，表达能力要强得多。有些深情微义，用直叙语说不清，或不便说清时，却可用形象语（如打比方之类）加以表达，让对方自己玩味、体会。这可以叫作形象语言大于直叙语言。所以，周易着重以辞象表象义的作法，深得表达方式的个中三味，是非常高明的。

与卜辞及其他占书的比较

以象喻理是周易爻辞的主要特点。和卜辞对比，这个特点就显得更为突出。卜辞的文辞主要是贞卜的兆辞的记录，辞句简洁，质朴无华。其记事、记人、记言、记行，均使用极其简炼的文字，如实记录，不做修饰，更无周易式的辞象。

兹举数例，以见一斑。（择自郭沫若《中国古代社会研究·卜辞中的古代社会》）

A："癸卯卜，丁亥渔。"（癸卯日卜。猎渔吉日在丁亥。）

B："壬申卜，贞王田猎，往来无灾。王稽，曰吉，获狐十三。"（壬申日卜，问王猎于鸡，兆象为往来无

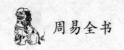

灾。王稽留，卜曰吉，获狐十三支。）

C："庚午卜，贞禾有及雨。"（庚午日卜，问谷物收成及雨水。）

D："贞众有灾。九月，鱼。"

从文风来说，上举四例可谓范例。可见卜辞之文是单纯的记事叙事，由日子、事情和结果三部分组成，可谓最原始的记叙文。李镜池先生认为它是"中国散体的记叙文的创始之作"，的确如此。它和周易以辞象为主、隐喻明义、五花八门的文风大相径庭。为明显计，将双方文辞对照如表1所示。

必须指出，双方文辞在形式与内容上所以有偌大差异，除时代、作者、写作意图和写作方法等因素之外，其深层的实质原因在于，前者属于求神问事的测卜文字，后者则是以占筮形式推天道以明人事的哲学伦理文书。前者由于目的只在测事问结果，所以无需讲理，无需告诫，只要记事记占辞便已蒇事，以至简单如斯。后者则由于写作主旨在于借占筮以喻义明理，借义理以为占断，故而其爻辞文象繁富如斯。在这一点上，卜辞以外的其他各种各样杂占的爻辞，同周易相比，亦复如是。

表1　卜辞与周易文辞对照表

类别	文　风	结　　构	涵　义
卜辞	单纯记事的简体文风	单层（贞卜） 贞卜的时、事、结果	卜兆显示的吉凶祸福
周易	辞象为主，喻义明理，隐晦而繁富的文风	多层 　1 卦名、卦辞、爻辞 　2 喻义的辞象 　3 叙事辞 　4 诫辞 　5 占辞	1 基于阴阳变化的天人之道 　2 基于天人之道的告诫 　3 基于告诫的占辞

广义性

卦爻象与辞象结合，产生广泛多岐的意义。本义衍义之外，还有一般意义乃至社会意义。多数辞象，率皆如此。

最显著的是《蒙》卦鹪的辞象。其中三上二爻可视为范例。

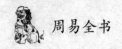

　　三爻辞象为"勿用取（娶）女。见金夫，不有躬。无攸（所）利"。这一辞象与卦爻象的具体关系如何，本身是何意义，有几种不同的见解。

　　王弼的见解是，"六三在下卦之上，上九在上卦之上，男女之义也。上不求三而三求上，女先求男者也。女之为体，正行以待命者也，见刚夫而求之，故曰：不有躬也。施之于女，行有不顺，故勿用取女而无攸利。"（王弼注《周易》）

　　虞翻的见解是，"谓三（指女），诚上也。金夫谓二。……阳称金。三逆乘二阳，所行不顺，为二所淫。上来之三陟阴，故曰勿用取女，见金夫矣。……"（孙星衍《周易集解·蒙卦三爻解》）

　　以上二注的共同点是，勿用娶女的"女"，是指六三阴爻，说她行为不正。"勿用娶女……·无攸利"是劝戒上九阳爻所代的男人，不要娶她，娶她没好处。二注的主要分歧是，王注认为女求男是三求上阳，虞注则认为是上阳求来三阴，求者不同。其次，王注以刚释金，认为金夫是伟大夫之意。虞注则认为阳称金，二爻为阳，金夫是说有钱的汉子。二注的分歧很大。

朱喜的注释是，"六三阴柔，不中不正：女三见金夫而不能有其身之象也。占此遇之则其取女必得，如是之人无所利矣。金夫，盖以金赂已而挑之，若鲁秋胡之为者。"（《周易本义》）

朱注不同于前二注之处是，仅以六三秉性阴柔，处位不中不正来解释六三所象之女的品行不端，未涉及六三爻与上下爻之间的关系，并把"勿用取女""无攸利"视为对占者的诫语。相同于虞注之点是，将"金夫"解为有钱的汉子。将"见金夫，不有躬"解为见有钱人就舍身忘义，并举秋胡戏妻的故事补助说明。

程颐的注解是，"三以阴柔处蒙暗，不中不正，女之变动者也。正应在上，不能远从，近见九二为群蒙此归，得时之盛，故舍其正应而从之，是女之见金夫也。女之从人，当由正礼，乃见人之多金，说（悦）而从之，不能保其身者也。无所往而利矣。"（《易传》）

程传对六三之阴柔昏蒙，见利忘义，讲的简明透彻。他采取王注之三求上说，不同意虞之上求三说。另外，他认为"无攸利"不是劝诫上爻，而是论说六三。但对金夫，则采用虞、朱之说。

来知德的注释是，"变巽（三爻动则下卦变巽），女之象也。九二阳刚，乾爻也。乾为金，金夫之象……以金赂己者也。六三正应在上，然性本阴柔，《坎》体（下卦为坎）顺流趋下。应爻《艮》体常止，不相应于下。九二为群蒙之主，得时之盛，盖近而相比……。故舍其正应而从之。此见金夫不有躬之象也。且中爻顺体，《震》动，三居顺动之中，比于其阳，亦不有躬之象也。若以蒙论，乃自暴自弃，昏迷于人欲，终不可教者。……曰勿用取，无攸利，皆其象也。"（《周易集注》）

来注强调象的作用。此注依全卦《蒙》象，通过六三爻变的《巽》（长女），结合上卦《艮》止、中爻《坤》顺《震》动，下卦《坎》陷等象，吸取王注的"三求上"，虞注的"三求下"和"金为钱"等，揉合一起，对辞象之义加以发掘、分析和阐释。同上述诸注相比，来注较为深入、全面。另外来注又认为，由于"六三阴柔，不中不正，又居《艮》止《坎》陷之中，盖蒙昧无知之极者也，故有此象。"最后他独抒己见，以鄙夷的语气说："占者遇此，如有发蒙之责者，弃而不教可也。"这样，他在"勿用取女"三象本义之外，又衍申出"勿用教女"的意义。

陈梦雷的解说是，"三变为《巽》，为长女，有女象。九二阳刚得《乾》金之中爻，有金夫象。六而居三，阴柔而不中正，女之见有金之夫，而不有其躬以从之者也。取女得如是之人，何所利乎？故戒占者以勿取也。王注谓：三应在上，有男女之义。三之动为女先求男，故有此象。不如《大全》合《屯》六二参观，而以三趋二取象为优。盖《屯》之六二，近初九之阳，而正应在五。然《震》之性，动而趋上，而所居又中正，故曰：女子贞，不字，十年乃字。《蒙》之六三，近九二之阳而正应在上。然《坎》之性，陷而趋下，而所居又不中正，故曰：见金夫不有躬。六五中正，故为可纳之妇；三不中正，故为淫奔之女。六四质柔，虽困犹可教，故得称为蒙。三徇欲而忘身，并不得言蒙矣。故言勿用以拒之，亦不屑之教也。"（《周易浅解》）

陈氏的解说，较上述诸说，又扩展一步，联系六二、六四、六五诸爻作了比较分析。同时又比上述各说深入一步，认为如此淫女，不得言蒙。弃之勿顾，不屑

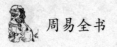

为教。来氏尚止于斥责如此邪女为"蒙昧之极,"陈氏则痛骂为蒙也不够。同一辞象,由于理解不同而分歧若是。还有尚秉和的见解(《周易尚氏学》)如下。

"取、娶同。坤为女。'见金夫不有躬',申勿用之故也。金夫者,美称。《诗》:'有匪君子,如金锡,如圭如壁。'《左传》:'思我王度,式如玉,式如金。'皆以金喻人之美。《艮》为金,为夫。人徒知《乾》为金,不知《艮》坚亦为金。《易林》《随》之《屯》之互《艮》云:'玉满堂',以《屯》之互《艮》为金也。人徒知《震》有夫象,不知三《艮》皆为夫。《比》曰:'后夫凶',以《艮》为夫也。《易林》《复》之《剥》云:'夫亡从军',以《剥》上《艮》为夫也。三与上《艮》应,故曰见金夫。《坤》为躬,三体《震》。《震》为行而决躁,故见金夫而亟欲往上,不顾四、五之阻,故曰不有躬。女行如此,不顺,故无所利也。"

尚先生对《易》象深有研究,于《焦氏易林》中发现许多遗象。他以周易遗象解释《蒙》卦六三爻,引经诂字,树立新说。并对旧谈,作出驳斥,说:"案此爻归解:虞翻以阳为金,谓三为二所淫。朱子谓金夫,

盖以金赂已而挑之，若鲁秋胡之事，均堪喷饭。若夫王
弼以金夫为刚夫，毛大可，惠栋等用卦变，又以兑阳为
金，皆非。故夫卦象一失传，无论若何揣摩，皆不能
当。其关系之重若是。"

　　对此爻的旧解，尚先生一律反对。他提出上九为金
夫，而金夫为美男子之谈，有理有据，完全站得住。但
为强调卦象的作用而以"喷饭"斥责虞、朱以金为钱之
说，未免过分。以金为美是据经（诗经、左传）解爻，
以金为钱是据象解爻（《乾》阳为金）。两解都言之成
理，持之有故。前解并不能推翻后解的论据。尚先生之
解，作为新说，当然可以成立。但虞、朱、程、来、陈
等之解，作为旧说，依然可以存在。周易的卦爻象及其
辞象本身，就"天生"有这种多义、广义的特性，无可
厚非。如果实用上有必要，也不妨把辞象的意义进一步
引申为一般意义。譬如把三爻的阴柔昏昧与不中不正加
以衍申，喻之为奸邪的贪官，见利忘义，拜倒于"金夫
"脚下，把"勿用取"解为"不可用"。这样引申发
挥，在解《易》而用《易》上不但不算谬误，而且有
其积极的社会意义，也未尝不可。

上述各家说法中有一个值得特别注意的问题，就是对诫辞"勿用取女，无攸利"，虞、王、程、尚等都从爻辞象内部关系加以解说，而朱、陈的注释则以占者为对象。来氏的解说是照顾两面：一面说"勿用取女，无攸利"，一面又说占者遇此，可弃而不教。比较看来，来氏的解说是全面的：既讲了辞象的内在意义，也涉及它的客观意义，即客观作用。读周易的人可以从《蒙》卦六三的爻象与辞象中获得勿娶拜金主义女人的教诫，占卜的人也可如此。此外，任何人都可灵活地引申其辞象的一般意义，从中获取教益。

此外，从这一范例中也可看到，周易的大多数爻辞（还有卦辞）的结构是由直述词、辞象、诫辞和占辞四部分组成。"勿用取女"是诫辞，"见金夫，不有躬"是象辞，"无攸利"是占辞。主体是象辞。诫辞与占辞是从辞象的内涵中导出的，把"无攸利"视为诫辞，也未尝不可。周易的占辞（吉、凶、悔、吝、无咎、无攸利，利有攸往，等等）不象卜辞及其他占术的占辞那样，仅仅表达占兆所显示的定命式吉凶祸福，而是以卦象爻象辞象所蕴涵的天人之道及其几微为据，推出诫辞和占辞，借以指出进德修业中趋吉避凶的正当道路。占筮的面貌、义理的内容——周易这一特性，从它的辞象的多义性中也可窥见。

隐晦性

周易文辞的最大特性是隐晦难解。卦辞爻辞均有此性，辞象亦复如此。全书充满隐语、寓言、故事、诗歌、暗喻、铭言之类，真所谓"遁词以隐意，谲譬以指事"（《文心雕龙·谐隐篇》），望之如群山雾罩，难识其本来面目。倘若以阅读其他经书的办法，从字面上训诂解义，那就不仅不能晓其本义，即辞句的表面意义也难以通达。只有将杂花生树式的，似乎七拼八凑的，缺乏关联辞语的文辞和辞象，同卦象爻象沟通，同各爻间的数、位、性（阴阳）、比、应、承、乘诸关系结合起来，乃至参照互卦和错卦综卦，贯通其义，才有可能剥开隐晦的外衣，读懂文辞，看清辞象深处的本来面目。在六经中易经最难解，基本原因即在于此。

但是，李镜池先生的看法却与此相左。据他的推

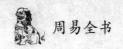

测，周易的卦爻辞"乃卜史卜巫记录。……所占一定有一爻数占的，因而有数种记录。……所以卦爻辞中，很有些不连属的词句，这不相属的词句，我们要把它分别解释，若要硬把它附会成一种相连贯的意义，那就非大加穿凿不可。"（《周易探源·周易筮辞考》）

依据这种观点，李先生接着举例说："《师》之六五：'田有禽，利执言，无咎。长子帅师，弟子与尸，贞凶。''无咎'以上，当为某次占词；长子以下，当为又一次占词。"（同上）

这样，李先生以《师》卦六五爻为例，把它的辞象割为两半，认为这是两次"互不连属"的占辞，凑到一起。李先生这种臆断，是不符合周易文辞的实际状况的。实际上，周易的卦爻辞，包括辞象，都来自于卦爻象，都是对卦爻象的解释。前文反复说过，无需再赘。每卦有每卦所表现的特定情境、特定问题，特定主旨，而由卦名表达之。在这种特定的情境、问题和主旨的统帅下，六个爻象生出六个爻辞（大多为辞象），反过来六个爻辞分别地集中起来，表明全卦的情境、问题和主旨。表面看来，爻辞辞象，五花八门，杂然并陈。骨子里却以卦象爻象为背景，以卦义为中心，形成一个有机的统一体。《乾》六爻辞象不离健义，《坤》的六爻辞象不离顺义，《屯》的六爻辞象不离难义，《蒙》的六爻辞象不离昧义，……卦卦如此，俱有中心，并非互不连属"的凑合。即以李先生所例举的《师》卦来看，连李先生自已也说："《师》谈军事"（《同上·序言》），可见每卦都有统一的主题。六爻分别为表达主题服务，是理所当然的，事实上也是如此。李先生所举的《师》卦六五辞象，自然也不例处。具体说，《师》谈军事，六五爻自亦如此。这是有"连属"的统一性。当然，从词句缺少关联词上看，六五爻象似乎是互不连属的两件事，但深入辞象的内部，就其爻象的背景来看，其实正是表达军事行动前后相继，紧密相关的统一体。"田有禽"：田指大地、田野，如《乾》卦二爻"见龙在田"之田。禽指禽兽。田地侵入禽兽，对庄稼是祸害，理应除之。暗喻有寇盗入侵，为害于国，应予讨伐。"利执言"是说，首先要"执言"以对，方为有利。"执言"即《诗经·小雅·出车》所谓"执讯"，《尔雅·释言》所谓"讯，言也"。意为兴师讨伐之前，先以言论宣布敌方罪状，师出有名。这样，才有利而无害（咎）。师出有名，为兵家之则，循则而动，才合手节律。这也正是与卦辞"师、贞，丈人吉"（出师要名正言顺，以老成持重、练达时务者为统师，前途吉祥）以及初六爻辞"师出以律，否，臧凶"（出师以法，否则，虽胜亦凶）之意，遥相呼应，若合符节。从爻象来说，六五爻以阴性的柔顺性情处于尊位，并且得中，若仁义之主，不会兴兵惹事。只有当敌寇来侵时，才不得已而应之讨之。卦象是上《坤》下《坎》，《坤》为地，《坎》为豕、亦为盗，皆糟蹋田地，侵害民生者。必须大声疾呼，予以膺惩。互卦《震》，为动为言，是声罪致讨之象。既是师出有名，故而"无咎"。声讨之后，继之以出兵。出兵的首要是委任主帅。六五处于尊位，为决策之主，乃委派长子担任主帅。长子即卦辞所说的"丈人"，意为老成持重、深通兵法的人物，是众人对他的尊称。长子之称，来自卦爻象，二、三、四爻成互卦，为《震》卦。《乾》《坤》相交而生六子，长子为《震》，故而称丈人为长子。五爻与二爻阴阳应合，所以委二爻为帅。前面九二爻辞"在师中，吉无咎"，即指主帅的长子而言。九五、九二两爻辞象前后呼应，天衣无缝。但另一方面，六五阴居阳位，中而不正，虽为仁义之主，却不免有阴柔不明之处。故而委任长子为主帅之后，又派一些弟子参与军权，使主帅不得自主。这必然失败，故曰凶。弟子是小人之意，指六三爻。六三爻以阴柔而居刚位，不中不正，恰似德薄才疏的小人，却踞于九二主帅之上。这种情况，很象晚唐时代监军的宦官。这样一来，军权分散，战争必然败北。所以九三辞象说"师或舆尸，凶"。九五辞象又强调说："弟子舆尸，贞凶"。也是前呼后应，紧密相联。"舆"是多的意思，《坤》《坎》二卦都有舆象，故言舆。"尸"是主的意思。"舆尸"，意为众人作主。行兵打仗，不听主帅指挥，而由众小人参权行事，虽出师抗敌为正义之举，结果亦凶（贞凶——虽正亦凶）。

从上述解释和分析，可见《师》卦六五辞象是由前后相继的两个活动所构成的一个统一的整体，是与全卦卦象卦义以及其他爻象前后呼应，拍节一致的。正如前面所说，由于辞象（生于卦爻象，而卦爻象是紧密相联的有机体，故而辞象虽然词句简涩不工，形态杂乱，显得隐晦不明，似乎互"不连属"，但骨子里却是内在意义紧密"连属"的整体。因此，李先生把《师》卦九五爻象割为两半，并断言其为两次占辞的记录，大约是从周易文辞为占辞汇编的观点派生出来的不切实际的说法，令人难以赞同。

从上述也可见，周易辞象的隐晦性如何深重。这种隐晦性的根源，首先在于作者以象出意的手法。象能出意，能尽言之所不能尽，这是它的特殊性能。但另一方面，象之出意却不如言之清楚，它的广义性和涵蓄性使它在表意上模糊不清，这是周易辞象隐晦性特点产生的根源。其次，卦爻象的分散性（一卦六爻，所谓六虚），决定了卦爻辞象的分散性和占筮占辞的分散性，也促使卦爻象难以保持内外的统一性。最后，还有另一个原因，那就是孔子所揭示的作易者的隐忧。在《报任安书》中司马迁说："盖文王拘而演周易"（《汉书·司马迁传》）。他认为文王被殷纣王拘于麦里，受苦难的鞭挞而演成周易。如果这种情况属实，那么周易深处蕴涵文王在政治迫害的衰世境遇中所怀的隐忧，就是理所当然的了。人们刚一展开周易，便隐然有此感觉。《乾》九三的"终日乾乾,夕惕若,厉,无咎,"《坤》六四的"括囊,无誉与咎",便是此种心情的表现。实际上仔仔通读周易,便可体察到作者那无法倾诉的政治隐忧。孔子的揭示,可谓鞭辟入里。

在这方面,给人印象最深的是《明夷》卦。卦象上《坤》下《离》羡,象征《离》火沉入《坤》地之下。光明陷入阴暗之中。夷是受伤之意,光明陷于黑暗的底层,故名《明夷》。在六十四卦之中,这是政治性最浓重的卦。作者把它对衰世暴政的疾恨心情、隐忍守正的情操和无德必败的远见,蕴藏在隐晦幽暗的辞象深处。耐人咀嚼,耐人玩味。

全卦辞象是"明夷,利艰贞"。言简意丰,涵义深厚。孔子在象传中解释"明夷"说:"明入地中,《明夷》。内(指下卦《离》火之明)文明而外柔顺(指上卦《坤》地之顺),以蒙大难:文王以之。"又解释"利艰贞"说:"利艰贞,晦其明也,内难而能正其志,箕子以之。"

这篇话表明,孔子认为《明夷》卦是反映文王在殷商末年的暗政之下遭到纣王的残暴拘禁而蒙受大难的情况。就全卦内容来看，感情与思想大约是这样的。辞象的"明夷"有两层意思：一层是贤人蒙受暗政的伤害，恰似光明遭到阴地的掩埋。另一层意思是，在暴政的迫害下，贤人以晦暗的外表掩藏其光明的心志。这是贤人对处衰世昏政的韬光养晦之计。但另一方面，在苛政下又不能随事倾邪，同流合污，必须面对艰难，坚守正固之志。所以卦辞又警诫说："利艰贞"。正如杨诚斋所说，"……不晦其明，则以艰险而丧其生，……不正其志，则以艰险而丧其明……"（《诚斋易传》）"明夷"和"利艰贞"合起来，构成《明夷》卦的辞象，表面只有五个字，背后却隐藏偌大的忧患思想，显著地表现出周易辞象的隐晦性。

《明夷》卦爻辞象中上五、上六两辞象，隐晦性最深。

先说上六。其辞象为："不明，晦。初登于天，后入于地。"上六是阴爻，处于"明夷"之极，《坤》阴之上，站在昏暗的颠峰。这种情况，当然是不明而晦暗。"初登于天"是描写上六"初登上尊位，如同登天，光明四照的得意情景。"后入于地"则是刻画上六登天之后，忘乎所以，胡作匪为，最后由光明的天上堕落，沦入黑暗的地下。那么，这个辞象是暗喻什么人呢？从全卦来看，当然如孔子所说，是指殷商的末主纣王。他很有才干，初登王位，君临四方，颇有作为。后来腐化堕落、凶恶残暴，终于丧失宝座，为周所灭。显然，这是作者以鲜明的辞象隐晦地表现对暴政独夫的疾恨和"无德者失之"的政治观点。如果周易是文王被囚时所作，在纣王的暴政监临下，要想表现自己的心志，除了运用这种隐晦的暗喻辞象之外，恐怕没有其他可行的办法。

尤其引人深思的是六五爻的辞象："箕子之明夷，利贞。"孔子在象辞里解释说："箕子之贞，明不可息也，"明确指出，此即纣王叔父之箕子，箕子的语言触怒纣王，被囚之后，佯狂自晦，保身守志，终得免于祸害，并且保持住光明的节操。但问题是，按周易通例，六五为君位。如六五辞象指箕子，便成为臣踞君位，属于大逆不道。不过，"《易》者变也，随时变易以从道也"（程颐《易传》序）。"时"是具体的时间条件之意，周易随"时"之不同而变化无常，不可为典要。在

《明夷》卦的具体条件下，纣王昏庸无道，只会登上高危的上六峰颠而随入地下，亡国殒身。六五的君位不可无主，作者的意思认为具有君德的箕子堪当此重任。箕子的光明虽受到伤害（箕子之明夷），但他守志不移，不息其明，不没于暗。这种态度，有利于正道的延续（利贞）。这种有德有道的贤人，置之君位，利国利民，并无不可。联系上六和全卦来看，作者未必没有这种意思。从历史观的变化来说，当时在朝代的转移的基础上天命靡常的观念已经萌生。正如史墨所说："社稷无常奉，君臣无常位……高岸为谷，深谷为陵。……故《易》卦雷乘《乾》曰大壮，天之道也"（《左传》昭公三十二年）。史墨依据历史演变的经验解释周易《大壮》卦。他认为《大壮》卦象是雷在天上，天象天子，雷象诸侯，诸侯凌驾于天子头上，君臣移位，是天的运行规律。当然周易的《大壮》卦不一定有这样涵义，史墨大约是借《易》言志。但作为参考，结合后来周灭商的史实，联想到作者为《明夷》卦爻缀以辞象时，内心深处也可能早已藏有这种"有德者居之，无德者失之"的想法。这样说来，上六之失明而入于地和六五之守明而登于天，在创作思想的领域内就是完全合理的安排了。但如果周易是文王囚居羑里时所作，那么这种"有德者居之，无德者失之"的思想，当然既不能表之于口，更不能形之于笔，于是他便巧妙地运用周易卦爻象和辞象的演变，隐晦地表现对纣王暴虐的疾恨，对箕子君德的敬仰（文王效法箕子晦明守正而对应艰难），并暗示兴周灭商的心志。

另外，《明夷》六爻之中，下五爻都有"明夷"之象，唯独上六特殊。它的辞象不是明夷而是不明，是不明而晦。下五爻之"明"所以被"夷"，都是上六的不明而晦所致。这种利用辞象之差来暗中透露内情的手法，也是周易辞象隐晦性的一种形式。对于表现政治忧患意识，是最妙的方法。孔子所谓"其言曲而中，其事肆而隐"（言辞委曲而合理，事情具体而言辞隐晦），正是指这种耐人玩味的隐晦性的表现手法而言。司马迁在《史记·司马相如列传》中所说"易本隐之以显"（以隐晦的形式表达思想）。也是指此而言。

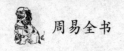

涵蓄性

　　周易的思想，如果不使用辞象而使用直接文辞来表达的话，即便把字数增加十倍，也表达不尽。而像现有这样，灵活地运用大量辞象，喻意明理，言简意丰，意在言外，韵味无穷，的确是最高明的表达方式。在文学上来说，这叫做涵蓄的笔法；在戏剧来说，这叫做潜台词的手段；而从语言学来说，这种手法，属于以少量的外部语言表现大量的内部语言。出于礼节或其他种种缘故，人们的外部语言往往少于内部语言。俗语所谓"见人只说三分话，未肯全抛一颗心"，就属于这种情况。

　　但周易文辞的内部语言大于外部语言，却是另有缘故。一则是由于作者严重的隐忧，有话不能原原本本地讲。二则卦爻象所蕴涵的思想过于丰富和细微，言不尽意。三则辞象本身喻义宽泛，难以捉摸。故而周易文辞，特别是辞象，涵蓄的功能异常明显。

　　孔子对周易的文辞非常喜爱，他说："以言者尚其辞"，又说"居则观其象而玩其辞"（《系辞上》二章）。

他认为周易的文辞有利于充实言论，有利于悟道明理。用他的话来说，周易文辞具有"微显阐幽""其称名也小，其取类也大，其旨远，其辞文，其言曲而中，其事肆而隐"这样一些特点。大意是，周易的文辞对明显的东西能作到"微（动词）之使幽"，对晦暗的东西能作到"阐而使显"（用杨万里说，见《诚斋易传》）。名称虽小，表类甚大，所涵义理非常深奥。孔子这段话，总体看来，可视为对《易》辞，特别是对其中辞象涵蓄性特点的阐释。

这方面的实例，《易》辞中比比皆是。兹举一生动有趣的，说明如下：

《乾》卦爻辞取象于龙，以象《乾》天纯阳的德性。其中初、二、四、五、六爻皆有龙象，唯三爻为君子象。而整个卦象为龙之潜、见、乾乾、跃、飞、亢。孔子谓之"六龙时位"（《乾》象）。但三爻辞象却是"君子终日乾乾，夕惕若，历，无咎"，以君子象代表龙象，与全卦他爻的取象不一致。为什么呢？对这原因，作《易》者未用外部语言解释，而是涵蓄在内部语言中。自古以来，《易》学家作过各种探索。

王弼的解释是："余六爻说龙，至于九三，独以君子为目，何也？夫《易》者，象也，象之所生，生于义也。有斯义，然后明之以其物，故以龙叙《乾》，以马明《坤》，随其事义而取象焉。是故，初九九二，龙德皆应其义，故可论龙以明之也。至于九三，'乾乾夕惕'非龙德也。是故，明以君子当其象矣"。意为乾初九"潜龙勿用"，九二"见龙在田"，以龙德喻圣贤之意，是合适的。但九三之"终日乾乾夕惕"云云，不合乎至高无上的龙德，不能说龙乾乾而夕惕，故以君子充当辞象。接着他进一步补充说："统而举之，《乾》体皆龙，别而叙之，各随其义"（以上《文言》王注）。就是说，整个乾体，是一条龙，但各爻分别表述，则随其具体意义而灵活变动。总之，王弼的理解是，九三爻义与龙德不尽相符，故而改取君子之象以明其意；但就全卦来说，仍属于龙的范畴。

郑玄和干宝的诠解则有所不同。郑玄说："三与三才为人道，有《乾》德而在人道，君子之象"。干宝说："（爻象）以气表，（爻辞）以龙兴，嫌其不关人事，故著"君子"焉。阳在九三……阳气始出地上而接动物，人为灵，故以人事成天地之动者，在于此爻焉"
（《周易集解纂疏》所引）。他们二人解说的共同点是，
卦具有天地人三才，三爻属人位，人为万物之灵，有龙
德而成大业者，惟有人中的君子，故而三爻取象于君子
而明其义。这种手法，是依据三才的爻位和龙德与贤才
为一体的观点来解答六龙中杂以君子之象这一难题。和
王弼之"乾乾夕惕，非龙德也"之说，恰好相反。

苏轼对此，有更深刻的体会。他阐述道："九三非
龙德欤？曰：否，进乎龙矣。此上下之际，祸福之交，
成败之决也。徒曰龙者，不足以尽之，故曰君子。夫初
之所以能'见'，四之所以能'跃'，五之所以能
'飞'，皆有待于三焉。甚矣，三之难处也。使三不能处
此，则《乾》丧其所以为《乾》矣。天下莫大之福，
不测之祸，皆萃于我而求决焉。其济不济，间不容发，
是以终日乾乾，至于夕而犹惕然，虽危而无咎也"
（《苏氏易传》）。苏氏的体会与王、郑、干等不同。他
认为九三爻的爻位，表现一个决定君子前途命运的关键
时刻，处于初、二、四、五各爻赖以有所作为的中轴地
位。单以龙象，不足以体现其重要意义，故而取用君子

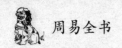

之象。这是着重从进德修业的忧患意识上解释三爻换象的缘由。

　　但是杨诚斋却根据自己的心得，提出了另一种见解。他认为："乾之六爻，皆龙德也。故曰六龙。九三不言龙而曰君子，何也？言龙者明而神，言君子者神而明，皆君德也"（《诚斋易传》卷一）。意思是：龙德与君子之德都是君德，说"龙"，是明示其象（明）而暗示其德（神）；说"君子"，是暗示其象而明示其德，二而一，一而二，实质一样，只是表达方式不同而已。这等于说，三爻用君子之象或龙象，并无二致。

　　来之德袭用郑玄的话，说"以六画卦言之，三于三才为人道。以《乾》德而居人道，君子之象也，故三不言龙。"这种认识，和上述王、干、苏等人之说基本类似。但奇怪的是，来氏同时又说："君子指占者"（以上《易经集注》）。把占卦的人无论善恶都称为君子，和自己关于君子有《乾》德的论断产生出入，令人莫解。

　　陈梦雷袭用旧说，但说的更明确。他说："九，阳爻，三，阳位，在下卦之上，重刚而不中，乃危地也。

六爻取象三才，则三为人位，故不取象龙，而称君子。处危地而以学问自修，君子之事，非可言龙也"（《周易浅述》）。他认为三爻的象义是君子处危地，不可以龙象表达。把龙象与君子分开。

这样，关于《乾》卦龙象中何以搀入君子之象的问题，大体上有上述一些解释。其中陈氏的解释是代表性的说法，可视为正解。至于杨氏所谓龙象与君子象并无实质差异的说法，则是一答非所问的遁辞。

对《乾》卦九三辞象变换的原故，诸位《易》学家所作的解释，其实只是在探赜索隐，抉微勾玄，打算从这一问题中找出周易作者出于什么思想作了爻象的变换。亦即，对作者把龙变为君子这一外部语言，究竟是怎么回事，或者说君子这一外部语言背后所涵蓄的内部语言，到底是怎样的，作了探索。至于作者的内心深处涵蓄的具体思想，是否完全如陈氏所述的代表性说法那样，后人只能作合理的推断，无法作出确切的解答。

由此一例可见，周易辞象的背后，涵蓄着多么深厚的思想。这远非测事答问的占卜小术之肤浅辞象，所可伦比于万一。

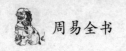

喻理性

周易六十四卦卦名卦辞、连同三百八十爻爻辞，再加用九、用六的爻辞，总共四百五十条，绝大部分是辞象，构成了巨大的形象思想的宝库。几乎每个卦爻辞象都蕴涵一定的道理：自然之理，人事之理，大道理，小道理，处处是道理。周易辞象内容的精义，就是哲理与伦理的结晶。

在《易》之蕴、《易》之门、作为六十四卦基因的《乾》《坤》两卦当中，这一点表现得十分明显。《乾》卦为纯阳之卦，取象于龙，卦性为健，以六龙时位的潜、见、乾乾、跃、飞、亢以及用九的"群龙无首，吉"，比喻在阳气的不同进程中君子所应采取的不同对策。时不利或力不足则潜伏以待，时机来到而羽翼丰满则见（现）身显德，有所发展而未离下位，则应朝夕不懈，小心谨慎。进至上位而尚在人下，在即将大有发展的前夕，要反身自试，或跃或安，待机而行。一旦时机成熟，即飞升高位，成为高贵圣明的主宰，便大展宏图，以利天下。但此时此位（五爻），已中正之极，应善于持盈保泰，谦虚谨慎，以免过亢而转向反面。最上策是刚柔相济（龙为刚，无首则柔），不以刚强为天下先。飞不忘堕，安不忘危。如此进德修业，则事无不立，业无不成。

简言之，这就是纯阳之《乾》卦所蕴涵的人生哲学，其中贯穿着辩证的思维。与《乾》卦相对相配的卦，是纯阴的《坤》卦。《坤》卦的性情是柔顺，以牝马为象。所谓"利牝马之贞"的辞象，是比喻《坤》之顺《乾》，如牝马之顺牡马。牝马随牡马奔跑，是为顺，奔跑而不失正轨，亦不厌倦，是为贞（正）。顺而能贞，是为《坤》德，可与《乾》相反相成，共奔前程。倘若只有顺而无贞，盲目顺随，中心无主，那将奔向邪路。这可用于比喻女对男、下对上，虽应以柔顺为德，但如柔而无刚，顺而无贞，便难保纯正的人格。《坤》卦卦辞的这一辞象，虽然如此简短，却也以对立统一的辩证形象，（牝马之贞），表示出关于立身行事的一种人生哲学。《坤》卦爻辞的辞象，亦复如此。

初六的辞象"履霜坚冰至"，虽是描述极平常的气候转移的自然现象，但内里却涵有深奥的道理。《坤》为纯阴之卦，初六阴爻，居于初位，表示阴气始凝成霜，自下而上，逐渐发展，势必趋于强盛，终于结为坚冰。周易含扶阳抑阴的微意，将阴气比为小人、邪路、恶事、疾病、过失、缺点之类的消极事物。故此这一辞象便成诫语，告诉人们，如同脚踩到秋霜便要想到坚冰将至那样，对坏人坏事以及事物的一切消极成分，刚一触及它的苗头，便要立即警惕，不可掉以轻心。要高瞻远瞩，想到它会逐渐发展壮大，终成巨恶大患，难以应付，要及时采取对策，防微杜渐。

孔子对这条辞象感触甚深，他说："臣弑其君，子弑其父，非一朝一夕之故，其所由来者渐关：由辩之不早辩也。《易》曰：'履霜，坚冰至'，盖言顺也。"（《文言》）

孔子的体会，正确而深刻。的确，恶事形成在于"渐"，防范对策在于"早辩"。不早辩而顺其渐，则结果不堪设想。这是一条永恒的真理。

象这样的义理与规律，在周易的辞象中比比皆是，给人以启发，令人深思。在这方面，孔子也提供了学

《易》研《易》用《易》的榜样。如前所述，他曾对周易义理的教育作用，表示赞叹，说："假我数年以学《易》，可以无大过矣。"读了《系辞》，便可深信，他这句话确是发自内心的感想。有《系辞》中，他前后总共举出十八个爻辞辞象，发明其蕴涵的义理，学以致用。为免于行文繁琐，谨选出几个，以为范例。

——"同人先号咷而后笑"（《同人》卦九五爻辞）（求同于人，先大哭而后笑）。子曰："君子之道，或出或处，或默或语。二人同心，其利断金。同心之言，其臭如兰。"

对《同人》卦九五爻辞象，孔子体会它的涵义，并联系实际加以阐释。他认为，这个辞象是说，君子的"同人"（与人和同，团结）之道，应该是无论同在外面，或同在室内，无论是默默相对，或互相交谈，都要真心实意。设若达到两个人一条心，那便如锋利的刀刃，能切断坚硬的金属。这样，即便起初各怀歧见而难以沟通，令人感到难过。但只要真心求同，渐渐就会融洽无间。二人同心的言语，香味如同兰草一样。

这样，孔子从《同人》卦九五辞象中发掘出君子的

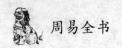

团结之途及其巨大功效。

——"初六：藉用白茅，无咎。"（《大过》初六辞象。意为用洁白的茅草衬垫祭品，无误。）

子曰："苟错诸地而可矣，藉之用茅，何咎之有？慎之至也。夫茅之为物薄，而用可重也。慎斯术也以往，其无所失矣。"对这一辞象，孔子从中体会到谨慎行事的重要性。他认为，只要把祭品放在地上就可以了。再用茅草垫起来，又有什么害处呢？这是极为慎重的作风。茅草是不值钱的东西，但它可起重要的作用。以这种方式慎重行事，就不会有过失了。

——"劳谦，君子有终，吉。"（《谦》卦九三爻辞象）

（有功劳而又谦逊，唯君子能善始善终，吉。）

孔子讲解其中的道理，说："劳而不伐（勤劳而不夸耀），有功而不德（有功而不自豪），厚之至也（真是敦厚之至），语以其功下人者也（说的是有功劳而能甘居人下）。德言盛，礼言恭（道德讲隆盛，仪礼讲恭谨）。谦也者，致恭以存其位者也。（所谓谦逊，就是致力于恭谨而能保持其地位之意）。

周易六十四卦中，没有全吉或全凶的卦。只有《谦》卦，六爻皆善。传统思想如此，孔子的思想也如此。他从"劳谦君子"的辞象中感到敦厚之德的可贵，并引发出致恭存位的观点。但应注意，孔子的意思并非说谦逊是为了保持禄位，而是说，谦逊是修身之要，恭谨致谦，则不为天下人所忮，自然而然会达到存位的善果。

——子曰："危者，安其位者也，亡者保其存者也。乱者，有其治者也。是故君子安而不忘危，存而不忘亡，治而不忘乱，是以身安而国家可保也。《易》曰：'其亡其亡，系于苞桑'。"

这段话是孔子对《否》卦九五爻辞象的阐释。原文全句是："休否，大人吉。其亡其亡，系于苞桑。"意思是，在天地不交、万事不通的否塞时期即将结束之际，作为《否》卦主爻的九五，以阳刚中正之德居于尊位，有道有力，有其时机；拨乱反正，休否建泰这一扭转乾坤的使命，正好由九五这一大人来完成。这就是"休否（停止否塞局面），大人吉"（大人任之，必获吉祥）的意义。而大人以阳刚中正之德，具有高瞻远瞩的智力，能在休否建泰的局面中看到潜伏的不利因素，而保持警惕戒惧之心，经常将危亡之念系于心间（其亡其亡！），这样存不忘亡，安不忘危，便可使拨乱反正后的安泰局面，如同丛生的桑树根深蒂固，纠缠在一起那样，稳固不拔。

如此，孔子依据周易阴阳互变的原理，从《否》卦九五爻辞象中阐发出安危转化的辩证规律，从而提出了处安保泰的为政之道。这是为政为人必须遵循的一条铁的法则。历史证明，违反这一法则的一切事业，毫无例外地完全趋于灭亡。

周易六十四卦，表达六十四种情境。其中有些情境，涉及专门的领域，卦爻辞象的内涵也便具有专门领域的特定规律。《师》卦就是最明显的例子。其卦象为下坎上坤婍，水聚于地中之象。《坎》险《坤》顺，象征险道而顺其法则以行，有战争的意思。其卦义的辞象是"师，贞，丈人吉，无咎。"首先，就军事行动的整体而言，周易提出"贞"的口号。贞为正义，即战争要师出有名，必须是正义之师。其次，是任命主帅以统领兵众。周易提出了"丈人吉"，的辞象。丈人是指深谋远虑、老成持重、经验丰富、精通兵法的人物。必须选用这样等级的人物，才是上策，才会获得善果（吉，无咎）《师》卦首先提出这两点作为兴师作战的首要条件。这完全合乎军事科学的基本法则，具有永恒的意义。

然后，爻辞辞象又表现出下列行动规律：

（一）初六："师出以律，否臧，否。"

律就是军纪，否臧是不善之意。整个辞象是说，兴兵打仗必须严行军纪，军纪不善，必凶无疑。这也是军事学的基本常识，作战的根本规律。纪律不严的军队谓之"乌合之众"，战斗力低下，即使打胜仗，也是碰大运。这样军队，前途必凶。

（二）九二："在师中，吉无咎。王三锡命。"

九二爻以刚居柔，在下卦之中，为统兵的丈人，与上卦六五爻阴阳相应。六五为君位，对九二宠信无疑，多次颁令奖赏（王三锡命）。丈人在师中的"中"，不是表示位置。是说，丈人统帅全军，受命在外，能以刚柔兼济的"适中"态度，谐调朝庭与军队的关系，既获得上方信任，又获得部众的支持，指挥权不受制碍，作

战计划得以顺利进行。

这也是大军出外作战时一个要害问题。作为总指挥，倘若上下级关系处理不当，势必对战斗的顺利展开，产生负面影响。九二爻辞象表明，周易作者对这一道理，深有体会。

（三）六三"师或舆尸，凶。"

或是或然、即可能之意。舆为众，尸为主，即众人作主之意。指挥军队，必须主帅专权。倘若众人分权，多头指挥，则必败无疑 。这也是军事学的一条基本定律。所以孔子在《象》辞中评论说："师或舆尸，大无功也。

（四）六四"师左次，无咎。"

古代行军，以右为尊。左次，在左边驻守，是退兵之象。六四虽阴柔不中，但居于正位，其象为虽未获胜，但全师退守，未伤元气。知进而知退，为兵法之要，所以无咎。这也是兴兵作战必须遵守的法则。

（五）六五"田有禽，利执言，无咎。长子帅师，弟子舆尸，贞凶。"

六五爻居尊位，是用师之主。性本柔顺而中和，不会挑起兵端。然而外寇入侵，正如田地有禽鸟飞入，残害庄稼，只得予以捕捉，始为有利。这是正义的自卫战争，故而无咎。但所任用的主帅九二爻（长子），头上边有六三爻（弟子）、六四爻（弟子）参与谋划。谋划则可，分权指挥则万万不可。指挥不统一，必定败北。纵然是抗敌警侮的正义战争，结果也只能是凶。这一条也是久经验证的军事法则。

（六）上六"上君有命，开国承家，小人勿用。"

这一爻是讲战胜后上方必须注意的问题。战争获胜，论功行赏，由君主发布命令，列土封疆，功大封侯（国），功小封卿（家），依次有差。但此际应特别注意的是，奖赏有功的小人时，只可赐以土地与金帛，而不可任以政事，以免居功自傲，危害国家。这是战胜后财产与权力再分配的正路，对国家元首来说，这是长治久安的重要措施。

总括上文可以见到，《师》卦的卦爻辞象所表现的，完全是军事的基本原则，是我国军事科学的蒿矢，大都为后代兵书所继承。例如《孙子》兵法第一篇"计篇"（谋划篇）开头就说："兵者，国之大事，死生之地，存亡之道，不可不察也。"这样说明战争的重要性之后，提出了"五校之计"（五个必须谋画的大计），为首的就是"道"（一曰道）。道是道义，属于政治原则。兴兵之前，首先要考虑是否合乎道义，即在政治上是否正确。这和《师》卦卦辞所说的"贞"，精神完全一致。王蜇注所谓"夫用兵之道，人和为本"，正是对贞与道的阐释。其次，《孙子》认为"将者，智、信、仁、勇、严也"。李筌注曰："此五者为将之德。故《师》有丈人之称也"。可见《师》卦"丈人"的辞象，已成为后代兵家的楷模。《孙子》的五校之计也提出了"法"，以严密的法令法制为行军作战的节制。《吴子》兵法也强调说："若法令不明，赏罚不信，金之不止，鼓之不进，虽有百万，何益于用"（《治兵》第三）。这些后代兵家的思想，就其材料的继承来讲，它的来源只能追溯到周易《师》卦的初六爻辞象"师出以律，否臧，凶。"因为，众所周知，在周易成书的殷周之际，除了周易《师》卦之外，还没有任何专讲军事的载体。此外，《师》卦关于分权有害的思想，在《孙子》中亦有传承发展。《谋政篇》所谓"不知三军之权而同三军之任，则军士疑矣"。陈皋注曰："将在军，权不专利，任不自由，三军之士，自然疑也。"恰似"长子帅师，弟子舆尸，凶"这一辞象的解说。关于"师左次，无咎"这一灵活因应的法则，在《孙子》兵法中当然会占有一席。在《计篇》中谈到"兵者诡道也"的部分内。曾提出"强而避之"的原则。曹操的解释是："避其所长也。"梅尧臣的解释是"彼强则我当避其锐。"这一量力而行、慎重从事的用兵思想，是战争经验的总结，早在周易问世时，已经在《师》卦中形成理论形态，较之《孙子》《吴子》等兵书对这一问题的论述，要早五六百年。

　　至于上六爻所讲的论功行赏、小人勿用问题，表面上看，属于政治措施，似乎与战争没有直接关系。但回头仔细想一想，就会认识到，整个《师》卦从头到尾都是在政治的基础上讲战争的原理原则，并非就军事谈军事。从开始的"贞"、（正义）中间的"田有禽，利执言"（御寇保国）和"弟子舆尸"（军权分散）、以至最后的"开国承家、小人勿用"（以政治安全为原则论功行赏），等等，都是围绕军事的政治问题。由此看来，我国从上古时起就已经认识到战争和政治有密切关系。除了"国之大事，在戎与祀"这样抽象的命题之外，关于战争与政治间的具体联系的表达，应该说始于周易《师》卦与爻的辞象。当然，由于时代与思维类型的限制，在三千年前的殷周之际，我们的先祖——周易作者，还不可能象近代军事理论家克劳塞维茨那样，作出"战争是政治的延长"这样高度概括的论断。但能够认识到《师》卦这个程度，已是难能可贵，令人不得不由衷赞叹！

与此同时，令人警觉的问题是，在古人心中兴兵打仗是国家大事，故而除了谋之于人之外，还要谋之于鬼，所谓"必告于祖庙，启于元龟，参之天时，吉乃后举"（《吴子·图国第一》）。殷商卜辞及左传国语等文献中记载极多，不需赘举。而在这种时代氛围中，以占筮形式出现的周易，在表现军事思想和战争行为的《师》卦中，却只从政治的角度谈军事的原理原则，对于龟卜、占筮之类的鬼谋，却只字不提，这不能不令现代人感到惊奇。

但令人惊奇的地方不止于此，还有更加令人惊奇之处，那就是《革》卦九五爻的辞象，象曰："大人虎变，未占有孚。"具体意思是说，九五爻阳刚中正处于尊位，在《革》卦的情境中，它是领导革命的主人，即所谓大人，是大德之人。他顺天应人，破旧立新，势如猛虎，所向无敌。经过革命，万象更新，大人自新新民，其事业出现辉煌的形象，鲜明夺目，尤如老虎随季节更换新毛，光彩艳丽。这种顺天应人的革命事业之获得民众的信任，是必然的趋势，无需占卜。《革》卦九五这一爻，真有革命精神，使人感到震惊：《周礼·筮人》说："凡国之大事，先筮后卜。"而"占书"周易，竟而讲未占而孚（信），岂非值得深思的"怪事"?!

其实道理也并不艰深。正如《坤》卦初六爻象所谓"履霜，坚冰至"那样，"事有必至，理有固然"（苏询《辨奸论》）。革命如能吊民伐罪、除旧布新，而且功绩赫赫，正大光明，当然会得到人民群众的信服。不问可知，不占自明。《卜居》中太卜詹尹对屈原求卜前程之所以婉言谢绝，就是因为他已看透屈原此后必至的悲剧命运，卜亦如斯，不卜亦如斯。《革》卦九五辞象之未占有孚，即是此义。

　　但一意主张周易为卦书的朱熹，却对"九五爻未占有孚"作出别解。他说："占而得此，则有此应，然亦必自其未占之时，人已信其如此，乃足以当之耳"（《周易本义》）。照他的说法，问卦者求得《革》卦，九五爻动，革命便会成功而出现虎变的光明局面。但有个前提：必须在未问卦之前，已经获得人民群众的信任，才会应验。朱氏此言，实质上是同语反复，是说了等于没说的空洞逻辑。如以 A 代成功，以 B 代信任，以 C 代应验，则 A—B—C 的公式成立，等于说，如成功则信任，如成功而信任，则应验。如此，应验之兆则是，成功而信任。这不是同语反复，言之无物，又是什么！朱氏是大学者，其所以如此犯初级语病，端在于他咬定周易本性为卦书，极力从占筮角度加以解释，以致除同语反复之外，他还不得不把《易》象内在义理的客观独立自足性和问卜者的情况以及占卜的应验性混成一团，勉强作解，以致令人费解。《周易今译》的说法与朱氏有些仿佛，它说："不过，改革虽然可以成功，但先决条件，应当在没有占卜吉凶之前，先得到群众的信赖与支持"，都非原文本义，无需赘解。

从上述可见，周易辞象的哲理内涵十分丰富深奥，远非占卜性质所可包络。为清楚计，下面再将周易与其他卦书对照比较，看看两者的区别：

甲：周易《乾》卦

原文

《乾》：元、亨、利、贞。

初九：潜龙勿用。

九二：见龙在田，利见大人。

九三：君子终日乾乾，夕惕若。厉，无咎。

九四：或跃在渊，无咎。

九五：飞龙在天，利见大人。

上九：亢龙有悔。

《象》传

《大象》：天行健，君子以自强不息。

《小象》：初九潜龙勿用，阳在下也。

陈梦雷解：阳谓九，初爻在下，阳气在下。君子处微，未可以有为也。……

《小象》：九二见龙在田，德施普也。

陈梦雷解：德即刚健中正之德，二虽未得位，而德

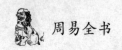

化足以及物，所施普矣。

《小象》：九三终日乾乾，反复道也。

陈梦雷解：反复，往来进退，必合乎道也。下《乾》已尽，上《乾》复来，《乾》而复《乾》，无他涂辙。犹云反反复复，只在这条路也。"二"德及于人，"三"惟道修于已，以所处危地也。

《小象》：九四或跃在渊，进无咎也。

陈梦雷解：量可而进，适其时则无咎。增一进字，以断其疑也。

《小象》：九五飞龙在天，大人造也。

陈梦雷解：造，作也。圣人兴起，在天子位也。此释飞龙在天，至同声相应节，乃言利见大人。

《小象》：上九亢龙有悔，盈不可久也。

陈梦雷解：《乾》之上九，阳之盈也。盈则必消，不可久，致悔之由。人知其不可久，防于未亢之先，则有悔者无悔矣。防其亢者，复返于潜而已。

《小象》：用九见群龙无首吉，天德不可为首也。

陈梦雷解：天德即乾道，阳刚天德，不可为物先。"群龙无首，"用九之象。不可为首，为人之用九者言也。然唯其不可为首，所以能首出庶物。盖《乾》本为万物之所资始，已具首出之德。而物极必变，善体《乾》者，刚而能柔，谦卑逊顺，不为天下先。故曰：不可为首，非于《乾》有所不足也。

（以上，为简明计，除《乾》卦原文外，仅摘录孔子解释《乾》卦卦爻象的大小象词以及陈梦雷《周易浅述》对象词的注释，旨在例举以作比较，故不详述。）

乙：易林

《易林》为西汉象数派《易》学家焦延寿所作的占筮书。它将周易六十四卦每卦分成六十四小占，六十四卦共分成四千零九十六小占，用以占卜吉凶祸福。兹引其《乾》卦卦辞与周易《乾》卦文辞对比，以见双方义理深浅的差异与两书性质的不同。

《乾》下《乾》上：道陟石板，胡言连塞。译喑且聋，莫使通道。请谒不行，求事无功。

注：陟，升也。连按《礼韵》读上声，傲慢下前之貌。塞，难也。译，传言通夷夏之言转告之也。

《乾》卦缀辞，就是这些。大意是说，占得此卦的人，卦象显示，尤如一个人前往胡人之国。在关卡地

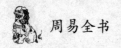

方，走上一个石板，意欲通过。守关的胡人言语傲慢难懂，旁边的翻译又哑又聋，不让他过去。这个故事表明，占得此卦的人，想要谒见在上的贵人却行不通，想要办事也不会有成果。

易林的《乾》卦辞象，除了以不如意的故事表示所占不吉、所问不成这样单纯的占卜性质以外，既无周易的天人之道，亦无任何规律性可言。其占法，虽以周易六十四卦为本，但只是利用其卦象的框架而已，实已脱离其内涵（《易林》对《易》象的研究颇有贡献，是另外的问题。此地单就其占卜的肤浅性而言）。

丙：金钱课

乾为天

乾者健也，刚健不曲，中正之谓，故有困龙得水之象。如同一条蚩龙久困渊中，不得舒展，忽然天降大雨，得雷鸣而起，任意飞腾。占此卦者，时来运转之兆也。

象曰：困龙得水好运交，不由喜气上眉梢，一切谋望皆如意，向后时运渐渐高。

诗曰：大吉之课，无不如意，上人见喜，诸事均吉。

断曰：诉讼大吉，病人痊愈，功名有成，求谋大利。

（引自上海昌文书局印行《金钱课》）

这种所谓金钱课。也是以六十四卦为本，采取火珠林八宫卦序配以五行六亲，但不讲五行生克和六亲的关联，只按上述"一锤定音"的占辞，简单地占断吉凶，和原始式占卜的筊牌以及寺庙的神签，如出一辙。文辞粗俗，占法简陋，较之《易林》的占卜尤为低下。

通过上述比较，可以立即看出，周易的辞象从头到尾饱涵天人之道的哲理，而哲理则蕴于占筮的形式之中。读者或问卜者可以从中汲取立身行事、进德修业的法则或铭言。换言之，可以说它包含三层内容：哲理层面、论理层面和占筮层面。但相对地，《易林》及《金钱课》的辞象，则从头到尾，只是表达测事结果，并无其他义蕴。也可以说，它的内容只限于占卜的层面。仅就这一简单的辞象比较。也可以看出，周易与一般的卦书不同，它通过占筮讲义理，而以义理为主，它的基本性质是哲理书。

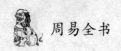

　　为彻底看清这一问题的真面目，下面再以《坤》卦的辞象为例，通过正常的全面解说和非正常的占筮解说，互相对比，试作进一步的考察。为免于赘解，仍借用《周易浅述》的阐释。

　　原文：《坤》：元亨。利牝马之贞。君子有攸往，先迷后得主利。西南得朋，东北丧朋，安贞吉。

　　甲：《周易浅述》的解说：

　　"三阴为偶，其卦为《坤》，其象为地。阴之成形，莫大乎地。地势卑顺，故名为《坤》。纯阴至顺，一承乎阳，循物无违，居心顺应，理无不通，故占亦可大亨。然必守此顺德，久而不变，故曰利牝马之贞。牝马，柔顺而健行者。马为《乾》象，曰牝马，明配《乾》也。阳得其全，阴得其半，以柔顺得正为利，则其他有所不利矣。阳先阴后，君子占此，欲有所往，率先首事，必至于迷，居后顺从，乃得其当。故曰先迷后得。……阳为阴主，《乾》为《坤》主，居后从《乾》，得其所主，所以为利也。西南阴方，东北阳方，西南致养之地，与《坤》同道，故得朋。东北反乎西南，故丧朋。阴体柔而躁，妄作以求全，则非矣，必安于正乃吉，故曰安贞吉。……此地道、臣道、妻道也。……"

上述解义有三：（一）从天地阴阳关系讲《坤》性柔顺之正常性；（二）《坤》必顺《乾》而行，不可争先，人们（包括占者）应依此行事；（三）地道、臣道、妻道，为坤之正道，必安于正道乃吉。

关于《坤》卦辞象的注解，有好几种说法，陈解是否完善暂不置评。总之，此解说再一次表现出易卦辞象涵有的哲理、伦理、占筮等三层意义，而哲理伦理则占主导地位。这是正常而全面的解释。

乙：《八卦与占筮破解》的解说

在"《周易》系辞的原则和依据"一节中，谈到卦辞和爻辞时，作者说："卦辞和爻辞都有两个内容，一个是卦象爻象述语，另一个是吉凶断辞。……如《坤》卦的卦辞说；'元亨，利牝马之贞。君子有攸往，先迷后得主，利。西南得明，东北丧明。安贞，吉。'意思说，很通顺，有利于关于母马的事情的卜问。君子有旅行的事情，开始会迷失方向，后来却能得到可靠的主人，对他有利。在西南方向能得到货贝，在东北方向则要丧失货贝。如果问安身的事，则是吉兆头。"

这段解说，同前述所有卦辞的解说（包括金钱课）都不同，它有这样六个特点：一是逐字逐句从字面作解释，类似译语；二是将贞字解作问义；三是内容散乱，无中心无联系（忽而问母马，忽而问旅行，忽而问得货贝，彷佛一卦三占）；四是完全脱离周易体系，尤其是脱离与《坤》卦阴阳互依的《乾》卦而单讲《坤》卦。五是抛弃辞象的义理和阴阳变化；六是文意极其浮浅，不及神签之类的某些占断诗，尚有风趣。

上述解说训贞为问，是一大问题。贞为周易之基本概念，全经凡170见。贞字固有问、正二义，但在周易中绝大多数学者训为正。若训为问，则义难贯通，且使《易》理大受伤害。详情远于本题，不便详论。仅就《坤》卦来说，如以问释贞，则"利牝马之贞"一句。除解为"有利于占问于母马的事情外"，无法作出他解。而这样的解释又是孤立的辞句，与《坤》卦全体、《乾》卦乃至《易》卦体系在辞象上完全脱节，成为一个孤立的个别事项的占问。可见贞字仍以按传统观点，训正为宜。"言行抱一"应是周易中贞字的正解，只有这样，才能通贯全经而不别扭。

依据前述种种，可以作出论断：周易的卦辞象和爻辞象，都涵有深厚哲理，可为人生指南的参考，在此前提下，也可用来占卜，这表现出周易辞象的独特性和优越性。

倾向性

正因为周易的作者怀着忧患意识，以教化的主旨从事创作，所以自然而然地在文辞和辞象中产生道德劝戒的倾向性，其主要表现为：扶阳抑阴，为君子谋而不为小人谋。

首先，最突出的例证是《乾》卦。依《说卦》所载筮例，《乾》并无龙象，而有马象；《坤》有牛象，并无马象。但《易》道在因"时"而变，为突出展现《乾》的纯阳之性，作者便取龙象，以美化君子之德。潜、见、乾乾、跃、飞、亢等辞象，都是代表阳性的君子的形象，也是作者从修身立业上为君子所作的谋画，其中也包含劝戒。仔细想想，依中国的传统思想，除了以龙为象之外，实在没有其他更合适的物象，足以有声

有色地象征阳性之美和君子之德。假若泥于占筮惯例，仍以马喻《乾》象，那就要大为减色，枯燥乏味了。《坤》卦的情况，也相类似。倘宥于占筮惯例，以牛为象，牛形之丑之笨，不足以喻示《坤》阴的柔顺而坚贞之性，与《乾》阳的健德，难以匹配。作者以牝马之象为《坤》卦辞象，的确高明之至。牝马不但善跑，而且有恒，紧随牡马，绝不松懈。"利牝马之贞"这一辞象，恰能喻示《坤》阴顺随《乾》阳，相伴运行，生成万物，以利天下的美德。《坤》虽纯阴，但随阳辅阳，协同为善，相当于君子之伴之佐，故而不属于恶性小人。如此，以龙马之象喻阳阴，而以龙阳为主，以龙阳所喻之君子为主，明显地表现出作者取象构辞的道德倾向性。

这种道德倾向性，在周易所有文辞与辞象中比比皆是，一贯到底。再举几个明显的例子：

——《泰》卦与《否》卦是相反相伴的一对卦。《泰》害是《坤》（地）上《乾》（天）下。天气上升，地气下降，二气交融，万事通达，是谓"泰"。周易以阳为大，以阴为小，故天气（阳）上升，谓之"大来"，地气（阴）下降，谓之"小往"，小往大来是好事，所以《泰》卦卦辞的辞象是"小往大来，吉亨。"以阳为大，以阴为小，不是平等看待，显然是一种道德倾向性。据孔子《象》传的解释则是："内（下卦）阳而外（上卦）阴，……内君子而外小人，君子道长，小人道消也。"他认为《泰》卦的"小往大来"之象，象征君子之势上涨，小人之势下降，故而是吉祥的局面。这种解释，符合周易作者一贯喻示的扶阳抑阴的本意。

《否》卦的情况与《泰》卦恰好相反。《否》䷋卦是上《乾》下《坤》，上天下地。天气上升，地气下降，二气乖离，万物闭塞，故名曰"否"。其卦辞为"《否》之匪人，不利君子贞。大往小来。"意为：世道闭塞，人道不通，不利于君子的正道。孔子解释说："（这卦显示）天地不交而万物不通。……内阴而外阳，内柔而外刚，内小人而外君子，小人道长，君子道消也。"他把"大往小来"的辞象视为小人势盛，君子势微的表现，而这种形势，正是天下闭塞的非人道的局面。这种尊大卑小、扶阳抑阴的思想，是周易的创造思想，也成为辞象的倾向性，当然也便成为孔子《易》学

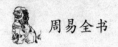

的倾向性。

——《乾》卦夬初爻辞象"潜龙"，喻示一阳在下，时违力薄，需晦养静待，故戒以"勿用"。《复》卦初九辞象"不远复"，喻示一阳初复，气力微弱，需安心休养，闭门思过。故评之以"无祇（大）悔，元吉。"两卦初爻虽辞象不同，而微阳下伏之势，则基本一致。所以周易作者对它们都作出了叮嘱与教诲。对阳气关心备至，也就是对代表阳气的君子关心备至。反过来，周易作者对阴气则采取完全不同的态度。《姤卦是五阳在上一阴在下。在下的一阴是初爻，自《乾》初复，也需涵育。但周易作者却从负面观察，认为一阴能载五阳，是阴气太盛之象。君子对此不可掉以轻心，要严加戒备。故而缀以辞象曰："《姤》，女壮，勿用取女。"把《姤卦初阴，描绘成一个蛮壮淫荡的女人，一身而遇五男。故而警告君子（阳），不要娶（取）她为妻。很明显，这是一种疾阴护阳的立场，不为阴计，而为阳谋。同样地，对《坤》卦初六的阴爻，作者也抱着冷眼警视的态度，认为阴气初动，似无危害，但逐渐增长，会成大患。故而提醒代表阳气的君子，在"履霜时"，要预想到"坚冰至"（《坤》卦初六辞象为"履霜坚冰至"），以免吃亏。把阴的增长视为祸害，嘱咐君子加以警惕。其扶阳抑阴，为君子谋的立场十分坚定。

——还有《遁》卦陋辞象，倾向性更发人深省。《遁》卦九四辞象为"好遁。君子吉，小人凶。"一般释为九四能割爱遁去，获吉，小人恋而不舍，逢凶。但笔者却宁愿解为：在阴长阳消，天下无道之际，舍弃所好而悄然遁世，身退业殒，是为失败，而不与恶政同流合污，洁身自好，在道德上却是胜利者。所以在君子来说，隐遁能保持节操，是吉事。但人格卑下的小人，却与此相反，认为抛掉心爱（好）的权势利禄而隐遁于草芜之间，是不堪忍受的坏事，故而持反对（否）态度。这样，周易作者便就《遁》的卦象（天下有山），以"天喻君子，山比小人。小人浸长，若山之侵天，君子遁避，若天之远山"（《周易集解》引崔憬语），于是系以如上辞象。其崇阳卑阴、恶小人而爱君子的倾向性，可谓泾渭分明，毫不含糊。

——《剥》卦卦象为上山下地福，象义为群阴势盛，一阳仅存，是众小人剥蚀君子之象。所以作者以爱护君子的感情劝嘱说："不利有攸往。"意思是，在此群小猖狂的黑暗时刻，君子应当反身养晦，谨言慎行，不可有所作为，以免受害。反之在《复》卦噹当中，对受尽阴剥而独复于下的阳，作者却寄以厚望，期其施展才能，大展宏图。鼓励说："利有攸往。"对阴长的形势，劝戒说；"不利有攸往（不应该前进）"。而对阳复的形势则鼓励说："利有攸往"。（应该前进）完完全全是站在阳的一边、君子的一边，倾向性何等鲜明！

由上数例可见，周易的辞象在饱含哲理的同时，也含有善善恶恶的倾向性，并不象龟卜及其他占书那样，内容只限于神谕或定命的告示，只限于无原则地预告来事，而是在正义的倾向性和原则性的基础上讲授进德修业、立身行事的道理。据此一点也足见，朱熹所谓"文王重卦作繇辞，周公作爻辞，亦只是为占筮设。到孔子方始说从义理"，是歪曲事实的谬论。